Vittorio Feltri

COM'ERA BELLO L'INIZIO DELLA FINE

I grandi incontri della mia vita

MONDADORI

Dello stesso autore
in edizione Mondadori

Non abbiamo abbastanza paura
Chiamiamoli ladri
Il borghese
L'irriverente
Ritratti di campioni
Una Repubblica senza patria (con Gennaro Sangiuliano)
Il Quarto Reich (con Gennaro Sangiuliano)
Il vero cafone (con Massimiliano Parente)

mondadori.it

Com'era bello l'inizio della fine
di Vittorio Feltri

ISBN 978-88-04-74987-5

Published by arrangement with Delia Agenzia Letteraria

I edizione aprile 2022

Indice

3 *Introduzione*

7 Francesco Cossiga

15 Paolo Isotta

23 Fausto Bertinotti

29 Carlo Rossella

35 Paolo Cirino Pomicino

41 Sandro Curzi

45 Luca Cordero di Montezemolo

53 Luciano Moggi

57 Giorgia Meloni

63 Diego Della Valle

69 Matteo Salvini

75 Giulio Giorello

81 Nadia Toffa

87 Ornella Vanoni

91 Antonio Di Pietro
97 Sergio Cusani
105 Umberto Bossi
113 Mino Martinazzoli
121 Umberto Veronesi

Com'era bello l'inizio della fine

Introduzione

La sorgente di questo libro sta nella beata banalità del mio lavoro ormai più che sessantennale di cronista, un mestiere che si esercita occupandosi per contratto, o addirittura per vocazione (che escludo nel mio caso: mi sono esentato sin da ragazzo dalla fatica della curiosità), degli affari altrui. Il gazzettiere, oltretutto, è pagato per raccontarli al vasto mondo, e per diffondere anche la propria opinione in merito, e talvolta addirittura per spremere la morale della fava. In gergo le fave sono le favole per gli adulti. Si chiamano articoli. I quali poi normalmente circolano all'alba (adesso pure di notte, sul web). Questo comporta per l'autore della prosa, la mattina stessa della sua effimera apparizione, specie se collocata in prima pagina, rotture di scatole molto meno effimere.

Non parlo dei comuni cittadini, di solito più accondiscendenti di quanto li si ritenga. La maggioranza di costoro si accontenta di scrivere una letterina all'autore, sperando in una risposta autografa, che io, compatibilmente con il tempo infinito di inutili riunioni e con gli umori in cui mi immergono i guai dell'esistenza, non lesino mai: non mi sento una principessa sul pisello. Mi basta il mio, seppure in disuso. Ci sono poi, tra la gente che non ha stampato in fronte VIP, pure gli scontenti, i quali lasciano un messaggio in segreteria, magari di protesta, ma persino in questi casi è tutto un trasudare di orgoglio gongolante, felici di essere stati notati, anche se magari per le orecchie a sventola: è il quarto d'ora di celebrità da cui uno deduce di esistere.

Altra cosa capita quando l'interlocutore sa perfettamente di esistere, anche troppo, tracimando oltre se stesso, e pretende di occupare il cervello del prossimo – che sarei io – dettandogli quel che gli piacerebbe veder scritto di lui: un peana, ovvio. Specie da direttore – cioè da una vita – ho a che fare con simili soggetti: più potenti sono, o credono di essere, in identica proporzione risultano suscettibili. Non tutti, ma buona parte sì. Ecco, costoro, i supponenti e strafottenti, in questo libro ho deciso di trascurarli per evitare l'Alka Seltzer ai lettori. A dire il vero, un paio di codesti personaggi l'ho inserito: comunque li tratterò con la benevolenza arzilla dell'anziano signore che sono, il quale ha esaurito la bile, ma non la propensione alla sincerità.

Troverete nel susseguirsi dei ritratti le persone prestigiose che mi hanno colpito «dentro». Sono nomi e cognomi – basta scorrere l'indice – che tutti avete udito pronunciare in tivù mille volte. Questo tornare e ritornare davanti agli occhi comporta il cristallizzarsi involontario di un parere scolpito nel granito, per il solito basato su luoghi comuni superficialmente incamerati a proposito di gesta nobili, presunte malefatte e frasi famose appiccicate alla loro faccia da conduttori televisivi che li collocano nella parte dell'eroe o del mostro secondo il vento della loro ideologia, sebbene ritenga la parola esagerata: parlerei più realisticamente di guinzaglio del padrone.

Ecco, ho scoperto che coloro di cui narrerò in questo libro non sono affatto nell'animo e nei modi privati quel che immaginate siano. A tu per tu, quando un sorso di whisky apre le cataratte della mente, e persino talvolta i canali lacrimali, balza fuori l'essenza autentica dell'individuo, che trapassa il condizionamento del ruolo, la divisa ufficiale, la recita con la propria parte già scritta da un altro autore, che di norma non è Pirandello. Ma Pirandello potrebbe invece essere davvero lo scrittore di certi dialoghi, l'inventore di aneddoti che io qui oserò proporre a dispetto della privacy. Non sbircio dal buco della serratura (peraltro fatico a piegare la schiena), non raccolgo gossip: dico di incontri, telefonate, lettere, scherzi e screzi, che mi accorgo adesso sono i connotati dell'amicizia.

Come li ho conosciuti? Da quando sono direttore è diventato un rito. Verghi un articolo, che fa divertire o imbestialire un potente, e il tipo non si accontenta – se ha il rango di capitano d'industria o di ministro – di distillare due parole scherzose o ingiuriose al telefono. Ti invita a colazione o più spesso a cena, naturalmente nel suo territorio, ove si sente più sicuro, ed è convinto di conquistarti alla sua causa. È così che mi sono imbattuto in un sacco di gente celebre e importante. A un certo punto sono divenuto uno di questo clan, senza neppure rendermene conto né tantomeno volerlo. Importante non troppo, non sono vanesio, tuttavia rinomato sì, a furia di televisione e di imitazioni di Maurizio Crozza.

Diciamo che questo volumetto di ritratti di personalità il cui nome comunica a tutti qualcosa è un danno collaterale del mestiere, una specie di artigianato da dopolavoro. C'è chi con gli stuzzicadenti costruisce velieri in miniatura, a me è capitato, all'età del dattero qual è la mia, il piacere di raccontare fatti e parole depositati nella memoria da anni, mai trascritti mentre accadevano perché non si fa, non è educazione; ma che il tempo ha sdoganato: sono verità taciute, però verità che, in fin dei conti, rendono giustizia a persone che meritano di uscire dai quadri appesi nelle gallerie dei presidenti e delle star trattate come statue di cera, che in queste pagine si sciolgono rivelando un volto sconosciuto.

Francesco Cossiga

È stato presidente della Repubblica, del Senato, del Consiglio dei ministri, al vertice dei dicasteri degli Affari esteri, dell'Interno e pure dell'organizzazione della Pubblica amministrazione e delle Regioni, sottosegretario di Stato del ministero della Difesa, deputato, senatore eletto e anche a vita, ma per me Francesco Cossiga è stato soprattutto un amico, di quelli veri, s'intende. Vestiva quasi sempre di grigio, la sua cultura era sconfinata, però si guardava bene dall'esibirla, era pudico in determinate cose, come pure nei sentimenti. Non parlava mai di donne, nemmeno della moglie, quasi a voler proteggere gli aspetti più intimi e preziosi della sua esistenza. Mai mi sarei permesso di osare in sua presenza una battutaccia, di quelle colorite, lascive, volgari, che stupidamente divertono tanto gli uomini, me compreso, e che si usano in particolare in Italia. Mi adeguavo con rispetto alla sua educazione, anzi alla sua statura morale, che – lo sottolineo – era scevra di quel moralismo da due lire sempre più in voga oggigiorno.

A Francesco non interessava piacere, conquistare il grande pubblico, circondarsi di amici e tenere a bada i nemici. Sembrava compisse di tutto per farsi odiare da quel ceto politico di cui, suo malgrado, era parte, ed è così che finì con l'essere amato dalla gente, dai cittadini, dal popolo, il quale apprezzava il fatto che il capo dello Stato fosse un signore che non le mandava di certo a dire, uno che chiamava le cose con il loro nome, che non edulcorava la realtà, bensì la somministrava in dosi massicce e così come essa era, quasi sempre schifosissima. Lo aiutava quell'accento sardo di cui non si liberò mai, neanche dopo decenni di vita stabile in quel di Roma. Cosa importa? Questo elemento lo rendeva ancora più simpatico, sì, è questo il termine più calzante: Francesco era simpatico. Infondeva allegria, energia, autenticità. Avevamo caratteri simili che in alcuni punti coincidevano, per questo ci risultò facile diventare tra di noi familiari.

Definito «ministro di ferro», Cossiga era tutt'altro che metallico. Sin dalla prima telefonata, che avvenne per sua iniziativa, mi trattava da vecchio conoscente, non dico già da amico, ma poco ci mancava. Tra me e lui non mise mai nessuna distanza. Forse si dimenticava di essere presidente della Repubblica o, semplicemente, non ci badava. Non si dava arie, insomma, né riteneva che il ruolo gli imponesse comportamenti ingessati, formalità e formalismi esasperati, doveroso distacco dai comuni mortali e indecifrabile espressione da mummia egizia. Cossiga era il capo dello Stato della porta accanto. Tuttavia non è questo a renderlo unico.

Egli detiene un record mondiale: è stato l'unico ministro dell'Interno a dimettersi. Era quello il periodo del rapimento nonché dell'uccisione di Aldo Moro. Cossiga si rimproverava di non essere riuscito a persuadere l'esecutivo a trattare con le Brigate rosse il rilascio del presidente della Democrazia cristiana. Non appena fu diffusa la notizia che il corpo di Moro era stato trovato nella famosa Renault, Cossiga fece fagotto e lasciò il Viminale, pur non avendo alcuna responsabilità nel delitto, dal momento che erano stati altri membri del governo a rigettare l'ipotesi della trattativa. Poco contava per il mio amico: aveva vinto la posizione opposta alla sua e lui aveva perso, motivo sufficiente per ritirarsi. Questa fu una prova di umiltà, onestà e anche di sensibilità, un atto che meraviglia ancora di più oggi che i ministri se ne stanno con il fondoschiena incollato alla poltrona qualsiasi cosa accada e puntano il dito contro il capro espiatorio di turno e mai verso se stessi.

Codesta scelta colpì la mia curiosità di cronista. Ma Francesco non aveva ancora fatto capolino nella mia vita. Questo avvenne quando egli fu eletto presidente della Repubblica, ruolo che ricoprì mantenendo sempre un comportamento molto compassato. Cossiga non aveva la mania, anzi la smania, di apparire, non si spendeva in discorsi inutili e strambi. Persino allorché, puntualissimo come sempre, giungeva il Capodanno e, in qualità di presidente, come da consuetudine, egli teneva il discorso augurale, evitava di proferire le classiche stupidaggini. In questa, come in occasioni simili, non ha mai esternato corbellerie, mentre tutti gli altri presidenti, pure quelli venuti dopo di lui, i quali non hanno mai cessato di tediarci allo scadere dell'anno infliggendoci panegirici di cui si può fare a meno e di cui volentieri faremmo a meno, si sentono costretti a ripetere banalità, cliché, frasi fatte, luoghi comuni, stucchevoli formule di cortesia. Francesco era spontaneo, non gradiva i fronzoli, quindi spiegava agli italiani quello che di norma siamo soliti dire in famiglia, ossia che l'anno nuovo è ricco sì di speranze, ma ciò che conta è essere all'altezza delle proprie speranze.

Cossiga per primo, davanti alla questione spinosa dell'inchiesta di Mani pulite, ha cominciato a rompere gli schemi, ossia a mostrare ai politici dove avevano sbagliato e cosa avrebbero potuto fare per riacquistare la fiducia tradita dei cittadini. Le sue orazioni venivano chiamate «le picconate di Cossiga» ed erano divenute un appuntamento non quotidiano eppure frequente. La loro caratteristica fondamentale era di essere rivolte a tutti i politici, sia di destra sia di sinistra. Francesco non faceva sconti a nessuno. Sottolineava i difetti della classe politica, l'incapacità dei partiti di rappresentare il popolo italiano. Le sue erano arringhe efficaci e toccanti.

A quel tempo dirigevo «L'Indipendente» e dormivo in un residence di corso Italia, a Milano. Cossiga, il quale da un po' aveva preso a telefonarmi in redazione, non volendo attendere che vi giungessi, mi chiamò presso il residence in cui alloggiavo. Erano circa le sette del mattino, orario in cui di norma sogno ancora, quando venni svegliato dal custode, il quale, con tono seccato e pure di scherno, mi comunicò: «C'è un tizio al telefono che sostiene di essere il presidente della Repubblica e le vuole parlare. Riattacco?».

Eppure la voce di Francesco era inconfondibile, il portiere lo avrà scambiato forse per un abilissimo imitatore? «Feltri, sono Cossiga. Era solo per farle sapere che oggi piccono.» In verità diceva «picono», con una sola c. Nonostante il risveglio traumatico, non sorridere divertiti era inevitabile. Cossiga sempre mi avvertiva preventivamente riguardo ai suoi interventi, li annunciava attraverso la cornetta, anticipandone il contenuto su grandi linee, affinché io predisponessi una sorta di mini task-force giornalistica che li seguisse con l'adeguata attenzione e dandogli il necessario rilievo. Va da sé che mi chiamava da Roma, dal Quirinale. Mi rintracciava ovunque fossi.

Quelle concioni, il cui lessico era elegante e forbito, erano irritanti per la classe politica, accusata da Cossiga ancora di più di quanto facesse il pool di Mani pulite. Ecco la ragione per cui si tentò di mettere Cossiga fuori gioco. In pratica lo si voleva neutralizzare al fine di eleggere un nuovo presidente, tuttavia nessuno riuscì a escogitare gli argomenti tecnici per ostracizzarlo, quindi Cossiga restò fino all'ultimo a demolire a colpi di piccone. Anzi, non proprio fino all'ultimo. In prossimità della scadenza fu egli stesso ad andarsene via, una maniera forse di mandare tutti al diavolo, una specie di dispetto. Gli successe Oscar Luigi Scalfaro. Lasciatosi alle spalle il Quirinale, Francesco seguitò nella sua attività di picconatore, nelle sue esternazioni educate ma senza filtri, tuttavia senza ottenere più quell'impatto forte che gli conferiva il ruolo di capo dello Stato.

Non smise neppure di telefonarmi ovunque fossi e in qualsiasi momento. Mi chiamava anche quando veniva a Milano affinché ci incontrassimo presso l'albergo Principe di Savoia, sito in piazza della Repubblica, dove Cossiga, allora senatore a vita, soggiornava. Facevamo quattro chiacchiere, ma era sempre lui a parlare, io mi limitavo ad ascoltare, anzi ad attingere. Mi spiegava un po' quella cosa strana che è la politica, era una conversazione piacevole e mi era inoltre molto utile poiché mi permetteva di comprendere il mondo romano, a me distante.

Un bel dì Francesco mi fece una confessione. Conservava un sogno nel cassetto, quello di diventare giornalista, e mi pregò di aiutarlo a realizzarlo. Prese così a scrivere per il neonato «Libero» articoli esilaranti, in cui attaccava praticamente tutti, senza scomporsi. Per lui l'attacco era qualcosa di naturale. Gli riusciva bene. Ricordo quando mi inviò il primo pezzo, molto lungo, troppo lungo. Lo affidai a Renato Farina, il quale lo raddrizzò e accorciò.

Gli articoli vergati da Francesco riguardavano vicende della politica e li firmava ovviamente con il suo nome. Ne compose parecchi per due anni di fila. Essendo avvezzo ad avere sempre un orecchio per tutti, l'attività giornalistica gli risultò agevole. Era un grande ascoltatore e questo gli consentiva di elaborare il sentimento popolare nonché di scrivere, poiché nulla è più popolare, o dovrebbe esserlo, del giornalismo, quello vero, di strada. Insomma, il suo era un talento innato. Il suo stile era quello di un uomo di una certa età, il linguaggio era ricercato, talvolta intricato, eppure i concetti erano espressi con chiarezza fulminante ed erano alquanto interessanti; non erano assenti risvolti umoristici, in quanto Francesco possedeva altresì questo dono: la capacità di sfottere.

Spesso veniva in redazione, che allora era situata in viale Monza, volteggiava tra le scrivanie incuriosito e sorridente, faceva battute, sempre arguto e sfottitorio com'era. I giornalisti lo osservavano con gli occhi sgranati e le bocche aperte. Insomma, non si vede tutti i giorni un ex presidente della Repubblica che bighellona in un ufficio spargendo con generosità sorrisi e paroline gentili.

Dato che ero a conoscenza del fatto che gradiva gustare un goccetto di whisky e che il Lagavulin era il suo preferito, mi procuravo che non mancasse in ufficio quando Cossiga veniva a farci visita. Gliene versavo giusto qualche sorso, non è che bevesse, ma non disdegnava affatto quell'aroma. In uno di questi nostri incontri riservati, gli domandai per quale motivo parecchi anni addietro avesse lasciato la presidenza della Repubblica prima della scadenza del mandato. Mi rispose che era nauseato, disgustato da quel ceto politico con il quale aveva a che fare e di cui in qualche maniera, in qualità di capo dello Stato, era lo specchio. Non ho dubbi riguardo alla veridicità di questa dichiarazione, però ritengo che Francesco si ritirò pochi mesi prima come per mandare a quanti avevano tentato di estrometterlo questo messaggio: «Non vi ho concesso questa soddisfazione, ma non me ne andrò allo scadere naturale dell'investitura. Vado via ora, perché lo voglio io».

Dopo due anni di intensa collaborazione raccogliemmo tutti gli articoli del senatore, diverse decine e sempre inerenti a tematiche di stretta attualità politica, al fine di presentare domanda di iscrizione all'Ordine dei giornalisti. Richiesta accolta. Cossiga era entusiasta, aveva realizzato un altro sogno, forse l'ultimo della sua vita. Mi raggiunse a Milano per festeggiare l'evento, che celebrammo con un'intima cena al ristorante Trussardi.

Non smise di scrivere e di picconare una volta raggiunto il suo traguardo. Tuttavia, i suoi pezzi divennero sempre più saltuari quando si ammalò, poiché era stanco, addirittura avvilito. Il suo declino fu abbastanza rapido.

Di tanto in tanto mi telefonava per informarsi su come procedesse il lavoro al giornale, su come me la passassi io. Credo che alla malattia si fosse aggiunta una fase depressiva. Me ne accorsi perché, quando gli parlavo, notavo che era abbastanza disinteressato persino alle cose che egli stesso diceva, chiacchierava per educazione e io lo lasciavo in pace, capivo che aveva bisogno di silenzio, o di poche parole.

Sono grato al mio amico Francesco. Fu lui a insegnarmi quello che avevo soltanto intuito: il mondo politico è autoreferenziale ed è tragicamente sordo alle esigenze del popolo. Sì, certo, tenta di assecondarlo, di blandirlo, di sedurlo, ma unicamente allo scopo di racimolare voti. L'interesse principale è per le urne, ovvero per il potere. Francesco Cossiga adottò un atteggiamento molto più elevato, coltivava il mito della cultura e della storia inglesi e cercava nella sua attività di trasferire alcuni concetti anglosassoni alla classe politica italiana. Mi rivelò un dì che su questo fronte si sentiva irrimediabilmente sconfitto.

Quando, pochi giorni prima che morisse, lo raggiunsi telefonicamente, conversammo sì e no per due minuti al massimo. Stavamo per mettere giù la cornetta allorché, da quel breve e profondo silenzio che segue i saluti, sentii ancora la sua voce. Ferma. Diversa, non l'avevo mai udita così. Decisa. Senza più quella vena di ironia. Senza più quella sopraggiunta rassegnazione.

«Vittorio. Addio.»

Neppure mi diede il tempo di rispondere. E, del resto, cosa mai avrei potuto dire?

Ero da solo nel mio ufficio.

Cadde una lacrima sul foglio.

Paolo Isotta

Avete presente quel momento, alquanto imbarazzante, in cui vi trovate costretti tra le pareti di un ascensore con uno sconosciuto e non sapete dove diavolo posare gli occhi o cosa dire? Ecco, a me capitò di conoscere Paolo Isotta in una situazione come questa.

Era il 1974 e allora lavoravo come cronista presso «La Notte», la cui redazione era sita in piazza Cavour, a Milano. Nello stesso magnifico stabile era da poco ubicata la redazione del «Giornale nuovo» di Indro Montanelli, il quale stava attrezzando la sua squadra, tra cui compariva anche questo giovane napoletano contraddistinto da una rara e sfacciatissima eleganza. Ogni dì, subito dopo pranzo, facevo un salto all'ultimo piano del cosiddetto «palazzo dei giornali», che era stato fatto costruire dal duce decenni prima perché diventasse la fissa dimora del «Popolo d'Italia», quotidiano diretto dal fratello di Benito Mussolini. Non mi recavo lassù per digerire, bensì per deliziare i miei occhi, immergendomi nello splendore dell'arte, che con la sua magnificenza ci dona la parvenza della straordinarietà dell'essere umano, capace di ogni genere di cattiveria e nefandezza ma pure di creare capolavori, come appunto l'enorme mosaico di Mario Sironi, il pezzo forte del palazzo dei giornali.

Non ero l'unico a compiere questo giornaliero pellegrinaggio ad alta quota. Pure Paolo, mosso evidentemente dal bisogno impellente di regalarsi un tuffo nella bellezza che conforta lo spirito, alla stessa ora si imbarcava sul montacarichi e si piazzava davanti al mosaico, restando ad ammirarlo con aria stupefatta come se lo vedesse per la prima volta. Così un pomeriggio ci salutammo con un sorriso poiché eravamo diventati intimi sebbene non ci fossimo scambiati neppure una parola, insomma eravamo intimi sconosciuti. Appresi che scriveva per il foglio di Montanelli, il quale lo aveva assunto in vista del varo del «Giornale nuovo». La sua napoletanità mi affascinava, la riscontravo non soltanto nell'irresistibile nonché inconfondibile accento, ma altresì nel gusto per l'abito sartoriale, nella scelta talvolta audace, quindi di carattere, dei colori e degli abbinamenti. Si capiva che il ragazzo era fresco, sì, ma promettente, traboccante di personalità. Il giorno seguente eravamo già a pranzo insieme al Gatto Nero, ristorante allora situato in via Senato, praticamente a due passi dai nostri rispettivi uffici.

Fu la prima di una lunga serie di colazioni. Dopo il buongusto fui colpito dal linguaggio forbito che, insieme alla bassa statura e all'eccentricità, faceva di Paolo un personaggio assolutamente particolare. Diventammo amici, tanto amici che, quando passai dalla «Notte» al «Corriere d'Informazione», trasferendomi da piazza Cavour in via Solferino, conservammo la consuetudine di desinare insieme. Isotta mi raggiungeva e mangiavamo un boccone al ristorante Il Rigolo. Pur essendo giovanissimo, Paolo ricopriva il ruolo di critico alla grande e si era già distinto perché scriveva in maniera faconda e suggestiva. Insomma, era divenuto subito famoso nel mondo della musica.

Dopo quattro o cinque anni che Isotta lavorava per «il Giornale», il direttore del «Corriere» Franco Di Bella si innamorò di lui come critico musicale e lo assunse. Allora il quotidiano di via Solferino, però, disponeva già di un giornalista che si occupava della materia, Duilio Courir, il quale si risentì e organizzò una specie di battaglia sindacale allo scopo di impedire a Isotta di svolgere il suo compito. Per anni lo hanno pagato senza che Paolo vergasse una riga. Va da sé che questo gli pesò molto, poiché nulla vi è di più offensivo per un giornalista che ami il suo mestiere di essere parcheggiato in panchina.

Il direttore Di Bella fu licenziato e gli subentrò Alberto Cavallari, che aveva una venatura rossastra da progressista, soprattutto aderiva alle richieste del comitato di redazione, che è sempre stato rosso, per esserne a sua volta sostenuto, per cui Isotta nemmeno con Cavallari compose mai un pezzo, pur essendo un fenomeno. In quel periodo ero migrato nella mia città natale per dirigere «Bergamo Oggi» e Paolo veniva spesso a farmi visita, non ci allontanammo dunque. Penso che egli non fosse molto soddisfatto a quel tempo. Dovette trascorrere ancora qualche anno prima che gli fosse concesso di fare ciò per cui era remunerato. Cavallari fu allontanato e al suo posto giunse Piero Ostellino, il quale prese a coinvolgere Paolo nella realizzazione del giornale, così – finalmente – Isotta emerse quale critico musicale ufficiale del «Corriere della Sera». Io, che intanto ero rincasato al «Corriere», allora ero stato promosso inviato, perciò ero spesso in giro per il mondo, tuttavia ci capitava di vederci in sede. E ci divertivamo come ai vecchi tempi.

Essendo Paolo molto fecondo dal punto di vista non solo musicale ma anche letterario, la nostra assidua frequentazione mi arrecò notevoli benefici, ne uscii senza dubbio arricchito. Fu forse l'unica persona a influenzarmi nel modo di vestire; mi ispirai parecchio a Isotta, di cui non mi dispiaceva il coraggio nella selezione cromatica di determinati capi. Diciamo che io allora ero più timido, osavo poco per non esagerare, poi maturai pienamente il mio stile. Nella scrittura Paolo era elaborato e ricco come nell'abbigliarsi, però nel contempo appariva chiaro, raffinato, elevato, il risultato finale era in ogni caso l'armonia, la proporzione, ossia l'essenza della bellezza secondo gli antichi greci.

Ci capitava non di rado di pranzare a casa sua. Allora abitava in un appartamento in corso Italia. Consumavamo ciò che preparava la sua collaboratrice domestica e poi, come di consuetudine, saltavamo dal cibo all'arte, ossia dalla tavola al pianoforte, che Paolo suonava divinamente. Era arduo in questo campo tenergli testa, eppure ci provavo ed egli mi raccomandava per prendermi in giro: «Amico mio, continua a scrivere ché è meglio!».

A un certo punto, sorprendendomi, Paolo si stufò della vita milanese e tornò a Napoli. Credo sia stato il richiamo delle radici e riportarlo laggiù. E per un paio di mesi vissi con lui nel capoluogo campano, periodo che ricordo come uno dei più belli della mia intera esistenza. Ovviamente non abitavamo sotto lo stesso tetto. Io mi trovavo a Napoli al fine di seguire e narrare per il «Corrierone» il processo Tortora. Paolo era così felice per il mio arrivo nella sua città che venne a prendermi in aeroporto a bordo di una vespa. Allora il casco non era obbligatorio, avevo un borsone con me e ancora mi domando incredulo come abbiamo fatto a stare tutti e tre, ovvero io, Paolo e il borsone, sullo stesso piccolo mezzo che sgommava fra strade e stradine di Napoli, nel traffico convulso del mattino, uscendone indenni. Una scena indimenticabile, che definirei comica e tuttora mi fa piangere dal ridere. Percorrevamo una salita che conduceva all'appartamento di Paolo quando nacque un alterco con un altro motociclista. All'improvviso vidi Isotta trasfigurarsi. Si fermò, non intimidito dalle minacce dell'uomo, bensì voglioso di dimostrargli che non lo temeva. Mollò lo scooter tra le mie mani e per fortuna ebbi la prontezza di reggerlo, ancora stordito com'ero dalla rapidità con la quale la scenata a cui, mio malgrado, stavo assistendo si era materializzata dal nulla senza che me ne accorgessi. Roba da far gelare il sangue nelle vene, roba a cui noi polentoni mollicci non siamo abituati. I due si urlarono in faccia le peggiori cose, ma senza sfiorarsi, come due gatti che bisticciano per una sensuale gatta in calore guardandosi in cagnesco.

Sembrava finita lì quando Paolo, ripreso il comando del mezzo, si voltò ancora verso il tizio che aveva a sua volta ripreso il comando del suo, e proferì con la consueta classe la frase più volgare che gli abbia mai sentito pronunciare, anzi l'unica volgarità che ho udito provenire dalle sue labbra: «Tu, a me, me po' fa solamente no' bocchino». Tutto mi sarei aspettato da Paolo meno che un litigio per questioni stradali e soprattutto non lo avrei mai immaginato capace di affermazioni così triviali.

Insomma, il mio soggiorno a Napoli era cominciato nel peggiore dei modi, o nel migliore, mettetela un po' come vi pare, fatto sta che il seguito fu ancora più esilarante. Con Paolo ogni sera era un'avventura, uno spasso continuo, una girandola di conoscenze, incontri, uscite, cene al circolo nautico, dove puntualmente mi veniva posta la medesima domanda: «Ma che si dice a Milano di De Mita?». Isotta mi presentò la Napoli cosiddetta «bene», quella dell'aristocrazia, dei professionisti, dell'alta borghesia, che possiede quella maniera così melodica di parlare, una cadenza che mi incanta. Nessuno è più signore di un signore napoletano, persino quando scade nel turpiloquio nel bel mezzo della via.

Paolo aveva queste uscite qui, fulminanti e inaspettate. Anni fa mi capitò di leggere una sua intervista. Il giornalista, indiscreto e audace, gli domandò: «Isotta, è vero che lei è gay?». Al che egli, infastidito come non mai, anzi persino risentito, protestò con indignazione: «Io gay? Io? Io so' ricchione». Scoppiai a ridere. Eccolo lì il mio amico, napoletano verace, allergico al politicamente corretto, tanto raffinato da potersi permettere di essere rozzo in modo chic. Per il suo carattere aveva avuto qualche problema nel nostro ambiente, era scomodo, faceva il critico quindi non concedeva sconti a nessuno e questo non era gradito. I direttori temevano le grane che Isotta poteva arrecare con i suoi articoli e a un certo punto il «Corriere» lo pensionò. Non mi lasciai sfuggire l'occasione e lo volli a «Libero» in qualità di pregiatissimo collaboratore.

Io e Paolo eravamo uniti non solo dall'avversione all'ipocrisia ma pure dall'amore smodato nei confronti degli animali. Fu un momento solenne quando, nella sua splendida abitazione napoletana, mi presentò il suo cane e il suo gatto, che per lui erano la famiglia, li amava alla follia, li trattava come figli, viveva per loro e li ha celebrati nel volume *La memoria dell'elefante*. Una delle ultime occasioni in cui lo incontrai fu alla presentazione del mio libro *Il borghese*, a Napoli. Vi prese parte anche il caro amico Ciriaco De Mita. Poi lo rividi a Milano e lo trovai un po' appesantito, eppure non avevo la più pallida idea che questo avrebbe potuto procurargli dei problemi cardiaci. Una notte si spense. Provai incredulità. Verificai la notizia. Più e più volte. Rifiutavo di crederci. Ero straziato dal dolore. Da quel momento mi sono sentito più solo.

Aveva appena letto una mia dichiarazione riguardante il fatto che nessun omosessuale ci avesse mai provato con me, quando mi telefonò e mi chiese: «Ma come? Non ti sei accorto che ti corteggio da una cinquantina d'anni?».

Fu quella la nostra ultima conversazione. Sempre all'insegna dell'ironia, poiché non esiste maniera più intelligente di prendere la vita.

Fausto Bertinotti

È l'uomo di sinistra che stimo di più. E non soltanto per la classe e la raffinatezza manifestate nel vestire, ma anche e soprattutto perché Fausto Bertinotti è persona educata e composta, pur celando dietro i modi da gentiluomo lo spirito del combattente addirittura feroce, sicuramente accanito, che non desiste davanti a niente e a nessuno e che è pronto a scendere nella mischia e rischiare tutto per le cause in cui crede.

La stima e il rispetto che nutriamo l'uno nei confronti dell'altro sono la prova che non è affatto necessario condividere le medesime idee per andare d'accordo, è sufficiente essere civili. Anzi, è forse quando si hanno prospettive diverse, differenti opinioni, posizioni opposte che si rivela l'autentica amicizia, la quale, al pari dell'amore, va al di là delle contingenze ed è accettazione dell'altro nonostante sia, appunto, altro rispetto a noi. Ecco, io e Fausto siamo il diavolo e l'acqua santa. Va da sé che il diavolo sono io, Fausto invece ha l'animo pulito, vergine, e non ha mai smesso di essere un ragazzo, un sindacalista di ferro, un comunista convinto, nonostante abbia superato gli ottant'anni. Sempre di più oggi c'è la tendenza a sopraffare l'interlocutore nelle discussioni, soprattutto in politica. Bertinotti non è mai scaduto in questa deplorevole condotta, ma non per questo non è stato ascoltato o è stato vinto. Egli presta l'orecchio e poi parla, interviene sempre con grande educazione.

Sebbene le divergenze tra noi fossero più numerose delle convergenze, senza dubbio nacque fin dal principio una sintonia, cioè un feeling, e ritengo che ciò dipendesse dal fatto che eravamo stati entrambi socialisti.

Negli anni Ottanta non conoscevo Bertinotti, anzi non sapevo neppure chi fosse, se vogliamo dirla tutta. Poi mi capitò di recarmi a Bologna dove Achille Occhetto, segretario del Partito comunista italiano, aveva convocato i compagni allo scopo di fornire loro quelle che reputava importanti comunicazioni. Era il 12 novembre 1989, allora ero direttore dell'«Europeo» e annusai che sarebbe accaduto qualcosa che avrebbe costituito una cesura storica, dunque volli essere presente.

Quel dì, in effetti, Occhetto annunciò a sorpresa la cosiddetta «svolta della Bolognina», processo progressivo e inesorabile che avrebbe portato di lì a breve allo scioglimento del Pci e alla nascita del Partito democratico della sinistra. Insomma, Occhetto spiegò, senza giri di parole, ai compagni presenti che il Pci era morto o, se non era ancora morto, che lo sarebbe stato presto. La disperazione si impadronì della sala gremita. Attorno a me facce disperate, sconcertate, attonite, deluse, persino arrabbiate. E poi c'era la faccia di questo tizio qui che se ne stava fermo, imperturbabile, come immerso in pensieri suoi, o addirittura in un mondo a sé stante. Assente, in apparenza. Era Fausto Bertinotti, che non ci stava, no, non ci stava alla condanna a morte imminente inflitta al partito e quindi anche agli ideali in cui da sempre aveva creduto. Occhetto non ebbe alcuna sensibilità nei confronti dei comunisti più appassionati. Andò giù piatto: «Il Muro di Berlino sta crollando ed è finito anche il Pci. Siamo ormai agli sgoccioli del regime sovietico». Non che egli non avesse ragione, infatti questi eventi si verificarono. Tuttavia provai pena per quegli uomini i cui sogni erano improvvisamente infranti, non riuscivo a trarne godimento. Mi sentivo parte di quella platea affranta. Tentiamo di immaginare come suonarono e risuonarono le parole di Occhetto nel petto di quella gente. È come se il papa si affacciasse una domenica alla finestra su piazza San Pietro e dichiarasse: «Ragazzi, guardate che Dio non esiste. Non vi fate illusioni».

Allo scioglimento del Pci e alla fondazione del Pds alcuni compagni non ci stettero. E tra questi c'era Bertinotti, il quale tuttavia, dopo una ferma opposizione, essendo tipo ragionevole ma – sia chiaro – non deboluccio, si fece persuadere dell'opportunità di aderire al nuovo partito. Eppure durò poco la sua partecipazione, ovvero fino al 1993, quando Fausto si iscrisse al Partito della Rifondazione comunista, diventandone quasi immediatamente segretario nazionale.

A ogni modo fu alla Bolognina che mi imbattei in Bertinotti, il quale, come ho scritto, era stato socialista, come me. Fausto mi raccontò un po' la sua vita. Suo padre, Enrico, era macchinista delle Ferrovie dello Stato, sua madre, Rosa, faceva la casalinga. Vivevano nel quartiere milanese di Precotto. I ferrovieri avevano una tradizione socialista, e Fausto, dopo l'esperienza nel Psi, ne era uscito ed era entrato nel Partito comunista. Bertinotti era un dirigente del sindacato rosso, la Cgil. E mai ho conosciuto sindacalista più fervente e combattivo nella tutela dei diritti e nella promozione delle istanze dei lavoratori. Ci sentivamo al telefono e mi spiegava la sua passione per il mondo del lavoro: non poteva tollerare che i problemi dei lavoratori venissero sempre in secondo piano rispetto agli affari del governo.

La cosa che mi colpì di Fausto era il garbo nel parlare, non insultava nessuno, era un ragionatore piuttosto raffinato. Ovunque si sia trovato ha sempre mantenuto un atteggiamento molto signorile. Io non condividevo neppure una delle sue affermazioni, nemmeno una parola, però lo ascoltavo con piacere, quasi rapito da quei modi cortesi. Rispettavamo ciascuno le opinioni dell'altro e nel tempo abbiamo mantenuto questa sana abitudine. Qualche volta ci capita di prendere parte ai medesimi dibattiti televisivi e sono sempre lieto di rivedere Fausto, il quale nei lustri non è cambiato per niente. È sempre stato un vero signore.

Lo chiamavano «mister Cashmere», per il buongusto nel vestire che rendeva la sua figura non facilmente assimilabile a quella del comunista tradizionale, tutto falce e martello. Il nomignolo, in effetti, è azzeccato, però più per la pacatezza, la morbidezza, l'eleganza delle maniere e dell'eloquio. Per un periodo Fausto è stato costantemente in televisione. Ha pure appoggiato il governo Prodi, entrando a farne parte. L'idillio durò poco, poiché Bertinotti, che non ha mai sacrificato i suoi valori e principi alla convenienza, non si è mai venduto per una poltrona, non ha mai abdicato a quelli che da una vita considera i suoi doveri morali per il mero interesse, fece negare al suo partito, Rifondazione comunista, il voto di fiducia su questioni che Fausto riteneva di vitale importanza e l'esecutivo crollò. Il fatto destò scalpore in quanto un partitino era riuscito ad assumere una tale rilevanza, a farsi ago della bilancia, ad avere un ruolo così decisivo per le sorti del Paese.

Negli anni successivi, Fausto cominciò ad appannarsi, quindi piano piano è uscito di scena, è declinato, non ha più quell'appeal che aveva inizialmente. Il suo partito si è prosciugato, praticamente non esiste più. L'utopia comunista è tramontata. Di rado Bertinotti riappare in tv, interrogato su fatti di varia umanità. Non penso che egli si sia ritirato poiché anziano o stanco, penso che semplicemente si sia rotto le scatole. È questo ciò che succede agli idealisti come noi. Soltanto che alcuni, come me, si adattano; altri, come lui, non ci riusciranno mai.

Carlo Rossella

Carlo Rossella è l'unico uomo che mi abbia sedotto e abbandonato. Egli e io siamo due rette parallele che non si incontrano mai, però viaggiamo vicini, o meglio, alla giusta distanza. Diciamo pure che ci siamo evitati con cura. Tanto per cominciare vantiamo origini professionali comuni, entrambi abbiamo inaugurato la nostra avventura giornalistica lavorando alla «Notte» di Nino Nutrizio. Tuttavia, proprio per la ragione appena esposta, ovvero poiché abbiamo fatto di tutto per schivarci, non ci incrociammo mai nei corridoi della redazione. Infatti, Carlo era stato alla «Notte» in una fase di poco precedente rispetto a quella in cui vi giunsi io. Il foglio di Nutrizio era considerato un giornale di destra. Una volta lasciatolo, Rossella cambiò anche orientamento politico.

Eravamo negli anni del post-Sessantotto, durante i quali la moda rivoluzionaria era diventata prevalente, ammaliando quasi tutti, forse pure Rossella, che di fatto divenne smaccatamente di sinistra. Il movimento studentesco stava ancora dominando la scena italiana e contagiando con i suoi isterismi persino i genitori dei ragazzi che protestavano nelle università. Di questi giovani – ammetto –

non ho mai capito cosa diavolo avessero da dissentire. Sostenevano di avere intenzione di rinnovare l'università, ma non avevano un progetto chiaro. Io assistevo a questo spettacolo scomposto, partecipavo anche ai cortei, seguivo le manifestazioni, occasioni durante le quali ho avuto modo di vedere orribili scene. Non era neppure raro che la gente che si recava in edicola e comprava, per esempio, «La Notte» venisse sprangata, brutalmente picchiata, senza pietà, anziani inclusi. Una sorta di rigurgito di violenza squadrista, soltanto che questi qui si facevano chiamare «comunisti». Per trovare scampo, genitori e nonni indossavano l'eschimo, una specie di giaccone militare che segnalava l'appartenenza politica e sociale, quindi una sorta di divisa, persino per andare dal panettiere sotto casa.

Rossella scriveva per «Panorama», settimanale allora diretto da Lamberto Sechi, bravissimo sia come giornalista sia come direttore, sebbene marcatamente di sinistra. La produzione giornalistica di Carlo era piuttosto interessante, i suoi articoli erano ricchi di informazioni e ben fatti, insomma si capiva che Rossella era un cronista di qualità. Lo leggevo con piacere, ma ancora non lo conoscevo personalmente. Ebbi questo onore in occasione della cerimonia di consegna dell'onorificenza cosiddetta «Premiolino», che si assegna ogni anno a chi si distingue per particolari iniziative giornalistiche. Il vincitore, mi vergogno quasi a dirlo, quell'annata era proprio il sottoscritto. Mi ero aggiudicato tale riconoscimento perché tra il 1987 e il 1988 avevo vergato l'inchiesta sull'alluvione in Valtellina per il «Corriere della Sera». Era previsto un assegno, particolare da non trascurare. Comunque, è lì che per la prima volta io e Carlo abbiamo avuto modo di stringerci la mano e devo sottolineare che l'affinità fu immediata.

Abbiamo subito simpatizzato, tanto che un paio di anni dopo, diventato direttore dell'«Europeo» e avendo quindi bisogno di un vice, pensai a Carlo Rossella, dal momento che ritenevo convintamente che egli avrebbe potuto dare un prezioso contributo all'arricchimento del giornale, avendo un'anima un po' diversa dalla mia. Avevo in mente di fare un foglio equilibrato, che tenesse conto delle varie correnti. Allora avvenne che ci incontrammo per parlarne, pranzammo insieme e finalmente trovammo un accordo: Carlo accettò la mia proposta di assumere il ruolo di vicedirettore. Formalizzammo il tutto anche dal punto di vista contrattuale ed eravamo pronti a partire.

La sera prima del nostro ingresso all'«Europeo» festeggiammo come si deve a casa di una nostra amica, Bice Biagi. Era presente anche la moglie di Carlo, un medico molto preparato. Ricordo che il mio amico portò una bottiglia di champagne per brindare al lieto evento. Benissimo. Chi avrebbe mai potuto immaginare che dopo quella serata Carlo sarebbe sparito senza lasciare traccia? Si dileguò, mi diede buca, abbandonò il tetto lavorativo ancora prima di dare il via alle danze. L'indomani, per l'appunto, io, preciso come un orologio svizzero, alle 10.30 varco la soglia della redazione dell'«Europeo» e aspetto con pazienza il mio vice. Passano dieci minuti e niente. Poi venti e Carlo ancora non si vede. Trascorre un'ora e alla fine si fa sera, e di Carlo neppure l'ombra. Ma neanche una telefonata, o che so io, un telegramma. Cosa diamine sia successo di preciso in quelle ore notturne tuttora lo ignoro, ciò che so è soltanto che «Panorama», allora il magazine più importante sul mercato, gli fece un rilancio promuovendolo caporedattore.

Se c'è una cosa che posso di sicuro comprendere sono le ragioni non del cuore ma della tasca. Quindi, se Carlo mi avesse detto, anche non personalmente ma attraverso la cornetta del telefono, «mio caro, perdonami, però qui mi pagano di più», di certo gli avrei dato una pacca sulla spalla e amici come prima. Posso supporre che egli fosse così in imbarazzo che scelse di scomparire. Il che mi stupì. Non sostengo che ci rimasi male, ma quasi. Per di più, siccome non mi sono mai fatto mancare nulla, in quei giorni ero stato abbandonato addirittura dalla redazione tutta. Ero stato accolto, si fa per dire, da un comitato che, per darmi il benvenuto, mi ha fatto due mesi di sciopero. Tuttavia, non mi sono perso d'animo. Deponendo la rabbia e forse pure la dignità, cercai un paio di volte di mettermi in contatto con Carlo, il quale però si negava, non mi rispondeva. Mi rassegnai pensando che avesse ricevuto un'offerta migliore tra la mezzanotte e le dieci del mattino e andai avanti da solo, del resto avevo un giornale da realizzare e non avrei potuto stare lì a rincorrere il signorino che mi aveva piantato in brache di tela. Non l'ho più visto.

Dopo una decina di giorni, forse due settimane, trovai una soluzione, ovvero decisi di affidare il ruolo che avevo dato a Rossella a una collega, Maria Luisa Agnese, la quale, come Carlo, lavorava a «Panorama». Maria Luisa entrò nella squadra e non esagero se affermo che ella fu una benedizione in quanto era la tipica settimanalista, mentre io non avevo mai redatto un settimanale. Mi era spesso capitato di imbattermi in Agnese in alcune trasmissioni televisive dove eravamo entrambi ospiti e mi ero accorto che era molto intelligente e preparata. Questa donna mi salvò: nel giro di due mesi con lei accanto ho imparato alla perfezione come confezionare un settimanale.

Trascorre qualche mese, mi lascio lo sciopero alle spalle, il giornale comincia a decollare, tutto si sistema, quando, a un certo punto, ecco che riappare Rossella, il quale si palesa con una telefonata. Avrei forse dovuto fare una scenata, aggredirlo, mostrarmi disgustato, però mi veniva da ridere, ero comunque felice di risentirlo. «Ma sei scemo? Come mai mi hai fatto questo scherzo da prete? Sai, potevi dirmelo...» furono le mie parole. In quell'occasione Carlo si propose come collaboratore per l'«Europeo». Lo caricai a bordo, scriveva con uno pseudonimo e narrava le vicende dell'Unione Sovietica, che lui conosceva benissimo. Ha steso una serie di articoli avvincenti, che hanno contribuito a rendere più goloso il settimanale. Forse fu lì che presi ad apprezzarlo davvero poiché i suoi scritti erano realmente appassionanti.

Dall'«Europeo» migrai all'«Indipendente», intanto Carlo seguitava a fare il caporedattore a «Panorama», crescendo sempre di più.

Nel 1994 Letizia Moratti, la quale allora ne era presidente, mi offrì di assumere la direzione generale della Rai, cosa che non potevo accettare perché da pochi mesi mi ero insediato al «Giornale» e sentivo che avevo ancora tanto da compiere. Quindi rifiutai. Moratti offrì a Rossella il ruolo di direttore del Tg1, ruolo che Carlo ricoprì per qualche anno. Ci incontravamo spesso, ci sfottevamo, dato che la nostra amicizia si è sempre fondata sull'ironia. Lasciato il Tg1, Carlo passò alla direzione della «Stampa», che occupò con il suo consueto distacco.

Non scriveva mai una riga, rimase lì qualche anno, poi rincasò a «Panorama», stavolta come direttore. In questo girotondo non abbiamo mai smesso di sentirci. Siamo sempre rimasti amici. E lo siamo tuttora.

Carlo è talmente furbo che fu in grado di farsi nominare direttore pure del Tg5, stavolta da Silvio Berlusconi. Non si è fatto mancare nulla nel corso della sua lunga carriera. Da Canale 5 arrivò in seguito a capo della Medusa Film. Rossella ha occupato sempre prestigiosi ruoli dimorando in residenze stupende a Roma. È di sinistra per modo di dire. Io ritengo che Carlo sia capace come pochi di adattarsi alle circostanze e questo lo rende senza dubbio il giornalista più intelligente che abbia mai conosciuto, essendo riuscito a stare a galla sempre con il vento in poppa. Egli è stato il maestro, il più bravo di tutti. Io non potrei mai eguagliarlo poiché Rossella possiede l'abilità di intessere rapporti e altresì di suscitare fiducia negli interlocutori, perché è perbene, educato, colto, rassicurante.

Ancora oggi, alla nostra veneranda età, Carlo riesce a stare a galla. Spesso, al mattino, mi telefona e sempre per complimentarsi per alcune cose che scrivo. Ci capita di vederci a casa del nostro amico Diego Della Valle, di cui entrambi siamo ospiti fissi. Rossella sa stare al mondo e i giornalisti dovrebbero imparare da lui. Peccato, però, che a un determinato momento abbia smesso di scrivere: era l'attività che meglio gli riusciva. A ogni modo egli resta uno dei colleghi che ho ammirato di più. Legge e giudica, e non sbaglia mai un giudizio.

Gli voglio bene. Già, gli voglio bene, nonostante i brutti scherzi che mi ha fatto.

Paolo Cirino Pomicino

Quello con Cirino Pomicino non fu un incontro, bensì uno scontro, anzi una collisione di pianeti, di mondi diversi. Egli allora ricopriva il ruolo di ministro, io ero un giornalista, da poco diventato direttore. Lo attaccai frontalmente allorché, in occasione di una partita di calcio piuttosto importante, ordinò perentoriamente che le porte della sede Rai di Napoli venissero spalancate a una trentina di tifosi che stazionavano proprio lì davanti con la speranza di potere accedere agli studi e seguire il match che, come tutti gli altri, veniva registrato e trasmesso all'interno degli uffici. «E trasìti, trasìti» urlò a quella gente, esortandola ad accomodarsi nella sala in cui veniva proiettata la partita e dove pure lui avrebbe da lì a un attimo svestito volentieri e con disinvoltura i panni di ministro della Repubblica per indossare quelli di isterico supporter del Napoli.

A quel tempo diedi una lettura di tale condotta che adesso non condivido affatto. Ammetto di avere sbagliato, di essere stato eccessivamente severo nel giudizio, di non avere compreso che il gesto di Cirino non costituiva una prepotenza, un abuso di potere, ma un uso di generosità, di amore e comprensione verso cittadini che considerano la propria squadra del cuore alla stregua della propria famiglia. Quindi, nessun esercizio di strapotere da parte dell'uomo di governo, del politico arrogante, piuttosto un'attestazione di vicinanza alle persone comuni.

Pochi sanno, o forse nessuno sa, poiché egli non ha mai esibito i suoi titoli, che Cirino Pomicino è un medico chirurgo, tuttavia non ha mai esercitato. Che peccato! La sua maniera di disossare, vivisezionare, scarnificare e dissezionare la realtà, presentandola nuda e cruda al lettore o al telespettatore, mi fa sospettare che come chirurgo avrebbe compiuto miracoli. Come politico si fa quel che si può, o quel che si deve, quasi sempre nulla di strabiliante.

Anche oggi i discorsi di Cirino sono i più azzeccati dal punto di vista dell'analisi politica, egli è un uomo straordinariamente intelligente che avrei voluto ancora come collaboratore. Già, perché egli scrisse per me, fu un mio giornalista, proprio come Francesco Cossiga, soltanto che Pomicino non firmava i suoi pezzi, bensì ricorreva a uno pseudonimo, quello di «Geronimo». Ma andiamo per ordine.

Incontrai la prima volta faccia a faccia Pomicino quando era il dinamico ministro del Bilancio del governo Andreotti. Avvenne che un mattino mi telefonò quasi infastidito dal mio articolo pubblicato quel giorno. In esso avevo espresso il mio punto di vista riguardo al neonato partito Lega Nord, di cui avevo previsto una rapida espansione, la quale avrebbe senza dubbio arrecato nocumento anche alla Democrazia cristiana. Quest'ultima, infatti, già puzzava di vecchio e umido, mi risultava essere vetusta, anzi moribonda. Nella provincia di Bergamo, mia città natale, Umberto Bossi, con il suo sgangherato partitino, aveva conquistato in alcuni Comuni addirittura l'80 per cento di preferenze. Eppure nessuno a Roma era preoccupato per codesto terremoto, sebbene si trattasse di un fenomeno alquanto sorprendente.

A me parve strano e interessante che i bergamaschi, i quali erano sempre stati democristiani, avessero all'improvviso cambiato registro indossando la maglia verde di leghisti. Avevo intuito che tale consenso si sarebbe esteso e, in effetti, questo si realizzò in occasione delle elezioni regionali, dalle quali emerse chiaramente che anche a Milano la Lega, ai primi passi ma molto aggressiva, aveva trovato un territorio fertile, incassando il 20 per cento in Regione. Superfluo specificare che si trattava di un risultato pazzesco. Compresi allora che questa espansione del partito di Bossi avrebbe provocato un sisma in tutto l'arco costituzionale. Ecco la ragione per cui vergai quell'articolo sostenendo che la Dc fosse in fase preagonica. Cirino Pomicino, risentito come colui al quale il medico comunica che il suo parente più stretto sta per spegnersi e non ci sono più speranze di salvezza, mi telefonò dicendomi che avrebbe gradito bere un caffè con me per spiegarmi perché avessi torto marcio.

E fu così che, approfittando anche di altre circostanze, mi recai a Roma, presso il dicastero, dove avevo già preso appuntamento con Pomicino. Entrai nel suo ufficio, un ufficio che mi parve esageratamente ampio, una sorta di piazza d'armi, tanto più essendo vuoto, eccezion fatta per una scrivania, relegata in un angolino, dalla quale emergeva questo ometto piccolo e sorridente, che sembrava disperso nell'oceano. Impossibile non provare nei suoi confronti una strana simpatia.

Cirino mi fece sedere davanti a sé e prese a farmi una

concione infinita riguardante il suo convincimento che la Democrazia cristiana mai sarebbe morta in quanto essa era insopprimibile. Ne concluse che il mio articolo era andato al di là di ogni ragionevolezza. Per Cirino, insomma, si trattava di fantascienza, non di giornalismo. E già mi giravano le scatole, alquanto vorticosamente. Ma poi guardavo la sua faccia e mi passava la voglia di inveire. Va da sé che rimarcai con forza la mia tesi, la quale non era affatto campata in aria. Del resto io vivevo in Lombardia; Cirino, invece, in Campania e a Roma, quindi non poteva respirare quell'aria che stava maturando nel Settentrione d'Italia. Non posso affermare che litigammo. Non ci strappammo i capelli né le vesti, perché Cirino è persona educata e cordiale, quantunque presuntuosa proprio come me. Io insistetti con il mio punto di vista, egli con il suo e, alla fine, facemmo una specie di scommessa, ma senza premio al vincitore se non la soddisfazione di avere avuto ragione, anzi la soddisfazione che l'altro avesse avuto torto.

Io ero pronto a giocarmi tutto che la Dc sarebbe scomparsa di lì a poco, quando ancora aveva la maggioranza in Parlamento, ecco perché era alquanto audace la mia previsione. Eppure sentivo che ciò sarebbe accaduto, perché un cronista prima che fare andare il cervello deve fare andare il naso, ovvero deve annusarle, le cose. Io avevo respirato questa vicenda qui. Passa un anno, poi un anno e mezzo, e si verifica quello che io avevo pronosticato. Mani pulite, lo scandalo delle tangenti, non ha fatto altro che accelerare un processo, che io avevo già intuito e anticipato, di disgregazione dei vecchi partiti.

Avvertivo questo fetore che ammorbava il mondo della politica. La Dc, insomma, si stava disgregando, tanto che fu nominato segretario Mino Martinazzoli, che io chiamavo «Lumino Martinazzoli», o «Cipresso». In quei giorni, arresosi all'evidenza, Pomicino mi telefonava per sussurrarmi: «Vittorio, non vorrei che tu avessi almeno parzialmente ragione». Si era dovuto ricredere davanti alla realtà. Che godimento!

Avendo scorto in Cirino potenti capacità narrative nel corso dei nostri dialoghi, mi ero convinto che fosse in grado pure di scrivere, in più aveva il vantaggio di essere un profondo conoscitore dell'ambiente della politica, dunque lo assunsi all'«Indipendente» come editorialista. Gli articoli di Geronimo mettevano a soqquadro i palazzi istituzionali poiché Cirino si addentrava in dettagli che soltanto lui conosceva, o di cui erano a conoscenza quattro gatti, se così si può dire. Questo faceva di lui una fonte preziosa, a cui non avrei potuto rinunciare. Infatti, quando migrai dall'«Indipendente» al «Giornale», mi portai dietro anche Geronimo.

Un giorno dovetti raggiungere la bella Napoli dal momento che avevo ricevuto il prestigioso premio Ischia, che prevedeva altresì una somma di denaro piuttosto consistente, cosa che ovviamente mi allettava, anzi, se proprio devo essere sincero, mi disturbai di andare a ritirare l'onorificenza solamente per intascare il bottino. A ogni modo, giunto nel capoluogo campano con mia moglie Enoe e sistematici in un albergo del centro, uscimmo per cenare in un ristorante piuttosto rinomato. Il mattino seguente mi sarei imbarcato per Ischia. Non avevo informato Geronimo del fatto che mi sarei trovato a Napoli per mezza giornata, non mi sembrava il caso, considerata la fugacità del soggiorno. Cenammo in incognito, pure perché allora io non avevo raggiunto una fama televisiva considerevole come adesso. Ero un semisconosciuto. Ancora oggi ignoro come abbia fatto Cirino a sapere che ero lì, proprio seduto in quel ristorante, fatto sta che, quando si trattò di pagare il conto, il proprietario mi rivelò che la cena era stata offerta. Una carineria che fa piacere e che nello stesso tempo imbarazza, anche perché non avevo idea di chi fosse l'autore del gesto. Appresi solo molto più tardi che era stato Pomicino a saldare il dovuto. Lo fece senza enfasi, ecco il motivo per cui il suo fu un atto di un'eleganza impareggiabile, tutta napoletana.

Con il trascorrere dei lustri i nostri rapporti si sono raffreddati. Cirino veniva spesso a Milano e non si perdeva l'occasione per pranzare o cenare insieme, e poi, all'improvviso, basta. Io ho seguito con apprensione il corso delle sue malattie cardiache, ha subito persino un trapianto di cuore. A questo proposito ho un buffo aneddoto. Era in lista di attesa per aggiudicarsi il primo cuore disponibile e compatibile, quando finalmente ricevette la chiamata: avrebbe avuto il cuore di una ragazza, un organo sano e forte. Ma Cirino lo rifiutò con decisione. Non per sessismo, maschilismo, senso di superiorità nei confronti del sesso opposto, macché! Questa risoluzione ebbe origine piuttosto da una sorta di superstizione. Dunque attese ancora, con il pericolo di crepare prima, però alla fine ebbe il muscolo cardiaco di un maschio.

I contatti si sono congelati, tuttavia io sono rimasto affezionato a Cirino e soprattutto l'ho stimato. Il che non è poco.

Sandro Curzi

Era un comunistone di quelli di una volta, dal temperamento di ferro, irrimediabilmente orientato a sinistra, ma della sinistra non aveva l'attuale presunzione, la puzza sotto il naso, il senso di superiorità intellettuale e morale. Nel 1976 fondò la Terza Rete televisiva della Rai e due anni dopo assunse il ruolo di vicedirettore del Tg3, che allora era una sorta di triste bollettino, freddo, brevissimo e spoglio. Fu proprio Sandro Curzi, tra il 1987 e il 1993, quando ne divenne direttore, a rivoluzionarlo, dandogli quell'impronta che tuttora conserva. Va da sé che il telegiornale di Curzi, soprannominato ben presto «TeleKabul», era come Curzi, ovvero ideologicamente aderente alla posizioni del Partito comunista italiano. Nonostante ciò il successo fu clamoroso, insomma Sandro fece esplodere gli ascolti e diede anche un'impronta personale al tg intervenendo spesso con i suoi editoriali, cose che in Rai non si erano mai viste prima.

Curzi era giornalista vero e capace, è suo il merito di avere non solo creato ma anche lanciato Raitre. Sebbene l'amore nei confronti del Pci fosse totale, Sandro non si può di sicuro considerare un comunista bigotto. Era, infatti, in grado di gestire le notizie nascondendo i pregiudizi tipici della sinistra.

Neppure nei miei riguardi nutrì mai preconcetti, e questo è il motivo per il quale diventammo amici. Un giorno, non ricordo se allora fossi direttore dell'«Indipendente» o dell'«Europeo», mi invitò a Roma, ospite del suo tg, il che scandalizzò parecchi, i quali non accettavano che le suole delle scarpe di Feltri sporcassero i pavimenti dello studio del Tg3. Sandro se ne infischiò delle critiche, era uno che faceva di testa sua, proprio come me. Mi trattò con grande cortesia, in barba a chi aveva deprecato questa iniziativa, non risparmiò persino le lodi nei miei confronti, non senza prendere le distanze dalle mie posizioni politiche. Da quella occasione siamo rimasti sempre in buoni rapporti e, quando si poteva, ovvero quando eravamo liberi dai reciproci impegni e Sandro non era assente per le cure a cui si sottoponeva, non godendo di ottima salute, ci si incontrava, si chiacchierava e si trascorreva piacevolmente del tempo insieme.

Accadde un fatto curioso. Una trasmissione di Canale 5, «Scherzi a parte», organizzò una malefica burla anche a me. Un mattino, giunto nel mio ufficio, trovai sulla scrivania l'edizione di quel giorno di «Libero», dove era pubblicato un editoriale che non avevo vergato io eppure da me firmato. Nell'articolo in questione dichiaravo ai lettori che, essendomi stufato di avere a che fare con la gente di destra, sarei passato a sinistra, riconoscendomi di più nelle idee dei compagni. Lo scherzo era stato ordito talmente bene che ricevetti telefonate da diversi complici, tra cui Mario Giordano e Paolo Liguori, i quali cercavano di persuadermi e mi commiseravano per la mia sopraggiunta follia. Io spiegavo che di quel pezzo non ne sapevo nulla, che non ero stato io a scriverlo, che avrei trovato il responsabile. Pure Sandro si prestò al gioco. Mi chiamò e mi disse: «Vittorio, ho appena letto il tuo editoriale. Ma veramente sei intenzionato a passare a sinistra? Pensaci bene. Con tutti i cretini che abbiamo, ti aggiungi anche tu».

Io e Sandro abbiamo fatto pure una trasmissione televisiva insieme, che andava in onda su Stream. Ogni settimana ci incontravamo a Roma per registrare la puntata. Eravamo in tre, io, lui e un'esordiente Ilaria D'Amico, la quale moderava l'acceso dibattito tra me e il mio amico. Di volta in volta affrontavamo argomenti di stretta attualità, sostenendo ognuno il proprio punto di vista e illustrando le proprie ragioni. Le discussioni erano furibonde, però la colpa è tutta mia. Curzi era fermo nelle sue posizioni, ma era anche pacato e gentile. Io invece ero una sorta di caterpillar: nulla poteva arrestarmi. Aldo Grasso, critico televisivo del «Corriere della Sera», mi aveva battezzato «anglo-orobico», per i miei modi eleganti ma, allo stesso tempo, rudi. Il format ebbe un certo successo. Piaceva ai telespettatori, eccetto la moglie di Curzi, la quale era furente poiché suo marito era troppo moderato e affabile, mentre io ero sanguigno. Sandro aveva un animo gentile, non riusciva a sopraffare.

A causa delle problematiche di salute di Sandro abbiamo dovuto sospendere la trasmissione, in cui mi sono divertito un casino. Sandro Curzi ha lasciato un'impronta nella tv di sinistra e bisogna riconoscergli questo merito. Tuttavia, un obiettivo lo ha fallito. Essendo un autentico giornalista, ha tentato di trasmettere ai colleghi miseri e conformisti, appiattiti sulle mode di sinistra, un insegnamento che questi non hanno per niente recepito. La sua lezione magistrale consisteva nella terzietà: anche quando parli dei tuoi avversari, sei tenuto a parlarne con rispetto, cercando di comprendere le loro ragioni, ammesso che ve ne siano.

E questa era la sua indole. L'indole di un cronista nato.

Luca Cordero di Montezemolo

Conobbi Luca Cordero di Montezemolo negli anni Novanta, quando si era ormai imposto in ambito economico, ricopriva ruoli importanti e godeva di indiscussa stima. Del resto, lo stesso Gianni Agnelli considerava Luca un quasi figlio. In più c'erano quel carisma e quell'eleganza che avevano reso il dirigente d'azienda una vera e propria star, e come tale Montezemolo era sempre chiamato ovunque e in qualsiasi manifestazione. Tutti lo volevano, tutti lo cercavano, tutti lo invitavano. Io mi domandavo come facesse questi a lavorare se era presente a ogni genere di evento, dalla mattina alla sera.

Tale quesito mi indusse a scrivere un articolo non malevolo sul «Giornale», che allora dirigevo. Nel pezzo prendevo un po' in giro Luca per la sua ubiquità e concludevo che nome più consono sarebbe stato «Monte Prezzemolo» anziché Montezemolo, dal momento che, come è noto, il prezzemolo si ritrova in ogni minestra. Sapevo che, sportivo com'è, Cordero non si sarebbe offeso, a ogni modo era un rischio che non ho mai temuto di correre. Il giorno della pubblicazione egli mi chiamò ridendo, la battuta sul prezzemolo gli era piaciuta e mi chiese di incontrarci a pranzo, in un ristorante milanese, Da Giacomo. A quella colazione erano presenti anche Enrico Mentana e altre persone. Fu così che rompemmo il ghiaccio e da quella volta cominciammo a sentirci spesso e a vederci altrettanto di frequente.

Luca è una compagnia particolarmente piacevole, ha una conversazione brillante, è ricco di aneddoti, curiosità, notizie, informazioni ed è prodigo di racconti che riguardano anche il mondo economico. Era pure il mio spirito da cronista a spingermi a frequentarlo.

Un giorno, quando ormai l'amicizia si era consolidata, mi telefona per comunicarmi che tra qualche ora mi farà consegnare una Ferrari fiammante davanti alla sede del «Giornale». Non si tratta di un regalo, bensì di un prestito, non particolarmente gradito, considerato che non sono un appassionato di motori, tantomeno di automobili sportive, eppure la carineria non mi dispiace. In fondo, una Ferrari non si rifiuta mai. Era un sabato, quindi quella sera sarei dovuto rientrare a Bergamo e decido di usare il bolide, non senza essermi fatto spiegare a fondo come funziona il giocattolino. Passo a prendere mia figlia Fiorenza, che allora studiava a Milano e tornava a casa nella fine settimana insieme a me. Arrivo dunque con questo macchinone terrificante, pure difficile da manovrare se non sei pratico, Fiorenza osserva suo padre avanzare a bordo dell'iconica auto, resta esterrefatta, anche perché ho sempre prediletto la sobrietà. Pensa forse che la mia sia una crisi di mezza età, la rassicuro che è un prestito di Luca Cordero di Montezemolo, lei sorride come sollevata, ma, non appena partiamo e il motore ringhia, impallidisce.

Spero che mia figlia non perda i sensi nel tragitto tra

Milano e Bergamo, quindi decido di guidare la Ferrari come fosse un'utilitaria, mi dimentico dell'assortimento di cilindri e poggio appena il piede sull'acceleratore, cercando di non cadere in tentazione nemmeno in autostrada. Diciamo pure che me la cavo, sebbene Fiorenza seguiti a essere agitata per il fracasso della macchina che ruggisce, smaniosa di correre. Illesi e dopo oltre un'ora (ci avrei impiegato di meno con una Panda), giungiamo a Bergamo. La Ferrari seduce le donne ma insospettisce mogli e figlie. Appena mi vede irrompere nel vialetto con la Testarossa anche la mia consorte pensa che io sia impazzito. La tranquillizzo prima ancora che apra bocca: è tutto un equivoco. Intanto l'indomani è domenica e si disputa una partita importante e non rinuncio a recarmi allo stadio per seguire dal vivo la mia amata Atalanta. Piccolo problema: come ci arrivo allo stadio se non servendomi della mia fuoriserie?

Sottovalutando forse le possibili conseguenze, mi spingo sul piazzale dove si addensano i tifosi, devo fare un tratto, attraversare questa specie di piazza, per lasciare la macchina su un prato adibito a parcheggio, quindi sono costretto a rallentare ed è in questo momento che la gente, incuriosita dalla splendida vettura, guarda dentro la macchina per scorgere chi sia il privilegiato alla guida della Ferrari e mi riconosce. Ed ecco che piovono insulti di ogni tipo. Se non fosse stato un attimo di panico, avrei riso persino io delle colorite offese che mi venivano rivolte. La più dolce: «Servo di Berlusconi, ora ti sei fatto pure la Ferrari, hai fatto i soldi, leccaculo». Per quelle persone la Ferrari è simbolo di potere, per me invece era la necessità di recarmi allo stadio. Bloccano il passaggio, sono circondato. Mi dico: «Vittorio, da qui non ne esci più». Allora faccio marcia indietro, piano piano mi svincolo, torno a casa per il terrore di essere linciato, solo contro tutti. Lascio la Ferrari maledicendola e chiamo un taxi per volare a tutto gas allo stadio ché la partita è già iniziata e io sto ancora qui a perder tempo. Lunedì mi telefona Luca: «Allora, ti sei divertito con la Ferrari?». E io, guardandomi bene dal raccontargli le mie disavventure: «Eh, sapessi...!».

È la primavera del 1997 quando Montezemolo mi chiama per informarmi che domenica sarà a Bergamo poiché la sua compagna di allora, l'attrice Edwige Fenech, ha un impegno di lavoro, credo uno spettacolo proprio in Piazza Vecchia, e mi chiede di cenare insieme in quanto desidera parlarmi. A cena Luca mi fa un discorso molto schietto: entro la fine dell'anno Paolo Mieli avrebbe lasciato la direzione del «Corriere della Sera», che era di proprietà della famiglia Agnelli, e proprio con gli Agnelli, suoi carissimi amici, Luca aveva confabulato pervenendo alla conclusione che il successore ideale di Mieli, ovvero il successivo direttore del «Corrierone», sarei stato proprio io. Ammetto che queste dichiarazioni, così sentite, mi hanno lusingato. Eppure, senza sciogliermi, faccio notare al mio amico che sono alquanto invischiato al «Giornale», avendo un 6 per cento dell'azienda nonché un contratto in essere. Neppure questo distoglie o demoralizza Montezemolo, il quale mi assicura che risolveremo ogni pendenza relativa alle questioni amministrative.

Tornare in via Solferino e in qualità di direttore non mi sarebbe dispiaciuto affatto, anzi in quel periodo ero stufo di stare in via Negri, volevo cambiare aria. Da quel giorno, mentre Luca lavora per me esercitando educate pressioni per preparare il mio avvento, ricevo parecchie telefonate da Mediobanca, interessata al «Corriere», tutti mi fanno capire che la cosa è ormai decisa, è soltanto questione di tempo, poco tempo. Non per scaramanzia, bensì per non alimentare pettegolezzi, io non ne avevo parlato con nessuno, poiché certe faccende è molto meglio non farle conoscere al fine di non rovinare la trattativa.

Un mattino mi telefona Umberto Agnelli, fratello di Gianni, per invitarmi a casa sua, a Torino, in una bella villa situata sulla collina, che io raggiungo volentieri. Lì discutiamo, come era prevedibile, anche e soprattutto del «Corriere». Alla fine del pranzo ho la netta impressione che l'incontro sia andato molto bene. Eppure si trattava soltanto di colloqui, ero ben consapevole che tra le chiacchiere e i fatti, ovvero tra la teoria e la pratica, c'è di mezzo il mare.

Per mesi tutto bolle in pentola, resta sospeso, finché una sera mi telefona Mieli, il quale non era all'oscuro del negoziato, che ormai andava solamente formalizzato e ufficializzato. Paolo aveva il compito di comunicarmi quello che nessuno osava rivelarmi. «Vittorio, guarda che, purtroppo, la faccenda è abortita perché il nuovo direttore sarà Ferruccio De Bortoli.» Almeno hanno avuto la decenza, dopo avermi tenuto in ballo per tutto questo tempo, di non farmi apprendere la cosa dai giornali, tuttavia nessuno ha avuto il coraggio di parlarmene, hanno consegnato la patata bollente a Mieli.

Non nego che ci restai male. Del resto, Ferruccio De Bortoli ero stato proprio io, lustri prima, a segnalarlo al «Corriere» facendolo promuovere all'Economia. Non dico che fu uno sconvolgimento, io ero direttore del «Giornale», che volava, guadagnavo tanto, non mi mancava nulla, ma il trattamento subito mi innervosiva, soprattutto perché non mi davo una spiegazione di tutto quanto l'accaduto.

Passano mesi e l'arrabbiatura non si spegne, anche perché, quando non trovi senso a determinati fatti, non puoi darti pace, i punti interrogativi pesano. Allora prendo a indagare per comprendere cosa abbia mandato a monte il progetto, per quale ragione, insomma, gli Agnelli mi abbiano corteggiato lungamente per poi consegnare la direzione a De Bortoli e non a me. Scopro così che ci aveva messo lo zampino la magistratura. Erano gli anni di Mani pulite, le aziende non volevano rogne, temevano di essere coinvolte in indagini, scandali, processi. Io non ero ben visto a causa delle mie posizioni spesso forti, drastiche, non dico audaci, però molto libere e autonome. Qualcuno aveva sconsigliato Feltri, «che è contro le toghe», sebbene questo non sia che un pregiudizio nei miei riguardi. Non ho nemici per partito preso, come neppure amici, del resto.

Non mi meravigliò tale verità. In qualche maniera essa lenì quella bruciatura. Tuttavia, nel frattempo, mi stufai di starmene al «Giornale», così feci una richiesta di pensione che, dopo trentacinque anni di lavoro, non poteva che venire accolta. Raccolsi le mie cose, mi feci liquidare il mio 6 per cento e me ne andai via senza alcun rimpianto.

Stavo quasi per mettere il piede fuori dalla redazione quando mi telefonò proprio De Bortoli chiedendomi di tornare al «Corriere della Sera». Era il periodo natalizio, stava per andare in vacanza con la moglie per qualche giorno, dunque convenimmo che ci saremmo visti al suo ritorno per firmare il contratto. Volete sapere come è andata a finire? Non mi ha più chiamato. Sì, ci siamo imbattuti ancora uno nell'altro, anche spesso, però l'argomento non è stato mai più affrontato, è divenuto una sorta di tabù.

Lo stesso è avvenuto con il mio caro amico Carlo Rossella, nel medesimo periodo. Rossella dirigeva «La Stampa», sempre di proprietà della famiglia Agnelli. Mi telefona per propormi di andare al quotidiano torinese. Accetto. E Carlo sparisce. Poi ricompare dopo mesi e della vicenda non si discute più. Dunque non tornai al «Corriere» né migrai alla «Stampa», per volontà ovviamente degli editori, i quali avranno ordinato a Carlo e Ferruccio di non coinvolgermi; sono loro che decidono e su Feltri avevano posto il veto, nonostante i lunghi corteggiamenti. Mi insediai al «Messaggero», prima di fondare un foglio nuovo, «Libero», forse anche per un leggero senso di rivalsa. Libero da tutto, pure dagli editori.

Con Prezzemolino, nonostante questo casino, sono rimasto in ottimi rapporti. Il problema è che in Italia i giornali non sono di proprietà di editori puri, bensì di industriali e gruppi finanziari. Ciò fa sì che la stampa non sia del tutto libera. Se fai l'industriale perché tieni dei giornali? Per ottenere dei favori e fare dei favori, ovvio. È il giornalismo adoperato come arma dei potenti, quando invece dovrebbe essere al servizio soltanto dei lettori.

Luciano Moggi

Quello che è accaduto al mio amico Luciano Moggi ha confermato qualcosa che avevo sempre sospettato riguardo a un tratto peculiare del popolo italiano, il quale è portato a innamorarsi appassionatamente di un personaggio, tanto da elevarlo, elevarlo e ancora elevarlo verso stratosferiche altezze, il tutto per gustarsi il piacere della sua caduta, il fragore che essa produce, il godimento che genera nello spettatore estasiato. Siamo tanto inclini a venerare un soggetto quanto a demolirlo. E da una all'altra delle due contrapposte e allo stesso tempo egualmente mediocri operazioni passiamo con sorprendente celerità. Ci infatuiamo e ci disinnamoriamo alla velocità della luce. Tuttavia, quel rinnegato amore lo mutiamo non in indifferenza, cosa che sarebbe pure accettabile, bensì in odio feroce, in rabbia, in cattiveria. In noi nemmeno un briciolo di pietà. A questo si aggiungano altri meschini vizi, come l'attitudine a balzare sul carro del vincitore ancora fresco di vittoria, per meri calcoli opportunistici, nonché l'invidia di cui siamo intrisi nei confronti di chi ce la fa. Invidia che ha subìto pure Lucianone, fornendomi in tal modo l'ennesima riprova che in questo Paese chi ottiene risultati positivi viene a un certo punto aggredito, accusato ingiustamente, condannato ancora prima di essere processato, e spesso emarginato, poiché tutto gli italiani sono in grado di perdonare meno che il successo.

Allorché conobbi Moggi, questi era nel pieno fulgore della sua attività. Era considerato il numero uno assoluto nel mondo del calcio. Prima di fare il dirigente in questo ambito, Luciano era stato ferroviere, precisamente capostazione, intanto si interessava di calcio perché era dotato di un'indole straordinaria nell'intuire le potenzialità e la stoffa dei calciatori. Insomma, scopriva i talenti: se un giovane era bravo, Moggi lo annusava subito e riusciva a farne un prodigio. Ed è per questo che Luciano passò dal calcio dilettantistico, diciamo pure «paesano», a quello giocato nelle elevate sfere.

Moggi è saltato da una squadra all'altra come direttore sportivo ed è riuscito a far vincere lo scudetto al Napoli amministrando la società in modo molto oculato, con particolare attenzione. In seguito ha realizzato miracoli anche al Torino, tanto è vero che con Mondonico allenatore la squadra arrivò a disputare gare internazionali di alto livello. Poi Luciano fu assunto dalla prima società italiana, la Juventus, e furono altre prodezze. Quest'uomo, il quale si presenta un po' come una specie di mugnaio, è molto preparato. Tutti quanti considerano Moggi un dio nel mondo del calcio, quello preparatorio s'intende, quello che determina la composizione delle squadre vincenti, soprattutto perché nella Juventus ha espresso il massimo di sé, trascinando il gruppo verso una lunga serie di sbalorditivi trionfi, ai più inimmaginabili. Va da sé, dunque, che Moggi fosse non poco invidiato. Si mormorava che egli fosse talmente influente da dare ordini persino agli arbitri, esercitando una pressione su di loro, condizionandoli, determinando in tale maniera pure il comportamento e il risultato di altre squadre. I suoi consigli erano il vangelo del calcio e la parola di Moggi era come quella del papa. Non poteva essere che ascoltata, poiché Luciano non proferiva mai stupidaggini.

A un certo punto successe qualcosa che stravolse tutto facendo precipitare Luciano in un baratro. Scoppiò uno scandalo e si attribuì a Moggi il ruolo quasi di boss della mala calcistica. In sostanza lo tacciavano di avere corrotto gli arbitri, di essersi comportato in maniera poco sportiva, agendo al di fuori delle norme. Venne avviata un'indagine, poi cominciarono i processi, intanto i media aggredivano Moggi con piacere in quanto egli era un'autorità nel football, quindi la possibilità di metterlo alla gogna stuzzicava. I procedimenti sono spesso finiti con l'assoluzione, ma intanto Moggi è stato radiato dal mondo del calcio. In quei mesi Moggi era colpevole di tutto, persino del ritardo della primavera, qualsiasi cosa avvenisse la responsabilità era sempre sua.

Osservavo con disappunto e stupore codesto desolante fenomeno sociale e ogni giorno di più provavo un sentimento di autentica simpatia nei confronti di questo signore. Ostracizzato dall'universo al quale apparteneva per vocazione e a pieno titolo, Moggi seguitava a fornire i suoi suggerimenti alle squadre, non più ufficialmente, bensì sottobanco, quasi come se si trattasse di un esercizio abusivo della professione, sebbene Luciano svolgesse questa attività a titolo gratuito, come fosse una manifestazione di amicizia. Mentre si insisteva con lo sputacchiarlo e i giornali lo dipingevano quale malvivente, io trovavo tutto ciò ingiusto. Per questo mi misi in testa che Lucianone andasse aiutato, presi contatto con lui, già ci conoscevamo, però non eravamo ancora amici, lo volli a «Libero» in qualità di commentatore, affinché i suoi consigli fossero esposti in prima pagina, sotto gli occhi di tutti, così come le sue opinioni.

Tuttora Moggi è il più competente commentatore calcistico nazionale e i suoi pareri, sempre azzeccati, sono pubblicati su «Libero» ormai da parecchi anni. All'inizio faceva un po' fatica a scrivere, del resto non è mestiere in cui ci si improvvisa, ma siccome egli affronta una materia che mastica molto bene, i suoi sono i commenti più rilevanti. Vergare su un foglio lo ha risollevato e reinserito, stavolta ufficialmente, negli ambienti del calcio. Eppure Moggi non ha ricevuto mai più incarichi. È stato massacrato inutilmente, senza prove, addirittura sottoposto a processi abbastanza ridicoli, e poi non è stato riammesso nel suo habitat professionale attraverso la porta principale. Il lato positivo è che nel frattempo io e Luciano siamo diventati buoni amici. Ci vediamo spesso, andiamo a cena, mi intrattiene con racconti meravigliosi, mi svela tanti misteri e retroscena del football che in Italia non rappresenta soltanto uno sport ma un luogo in cui vengono portati a segno affari milionari.

A ogni modo, nonostante tutto, lo scopritore di Maradona, che è roba sua, è rimasto a galla. Quando viene a trovarmi in redazione, per farci quattro risate, ricordo a Luciano le Ferrovie dello Stato, da cui è partito. Da allora ne ha fatta di strada. E nel percorso si cade e ci si risolleva e poi si cade ancora e ci si deve risollevare di nuovo. Succede a tutti. Nessuno ha scampo. Certo è che Luciano Moggi ha patito un'ingiustizia che io mi dolgo di non essere stato capace di riparare, in quanto c'è una bella differenza tra scrivere degli articoli e guidare una società di calcio.

Giorgia Meloni

Ebbi a che fare con Giorgia Meloni per la prima volta quando ella rivestiva il ruolo di ministro per la Gioventù nel governo Berlusconi. Mi aveva dato l'impressione di essere un po' superficiale, una da cui non mi sarei potuto attendere grandi opere in campo politico. Non per la giovane età, s'intende, bensì per le sue iniziative, che mi sembravano effimere e banali, quindi non degne di essere prese in considerazione. Purtroppo, prima di dare un giudizio, di formarci un'opinione riguardo a una persona, subiamo l'influsso dell'immagine di quest'ultima sebbene non ce ne rendiamo conto, non tendiamo ad approfondire, a volte ci basta uno sguardo perché qualcuno ci diventi simpatico o antipatico. Ebbene, a me Giorgia Meloni non era assolutamente simpatica.

Allora dirigevo «Libero» ed ebbi con lei addirittura un piccolo scontro sul giornale in merito a una delle sue proposte, una discussione sciocca tanto che si chiuse lì. Con stupore appresi dopo qualche anno che Meloni aveva intenzione di fondare un partito in sostituzione di Alleanza nazionale, dato che Gianfranco Fini si era politicamente suicidato con la faccenda dell'appartamento e le liti con Berlusconi, che lo facevano apparire un uomo più di sinistra che di centrodestra. Insomma, allorché Fini scomparve, la nostra Giorgia diede vita al suo partito, che è appunto Fratelli d'Italia. Mi risultava essere una scelta velleitaria, pensavo: «Ma dove diavolo crede di andare questa poveraccia, da chi prenderà i voti?». Pensieri – lo ammetto – un po' stupidi perché bisogna sempre dare a chiunque delle chance seppure noi non le intravediamo.

Ha fatto bene Meloni a credere nel suo progetto e in se stessa quando nessuno ci credeva, nemmeno io. In effetti Giorgia ha edificato questo partito, stimato agli albori al di sotto del 2 per cento, il quale tuttavia si mostrò subito vitale. Intanto passava il tempo e sentivo Meloni intervenire in aula e in tv, sempre in maniera puntuale, precisa, chiara, efficace. E leggevo altresì di alcune sue prese di posizione, così mi resi conto di condividere quello che sosteneva. Fu in tal modo che iniziai a seguirla con un certo interesse e osservavo sia lei sia il suo partito crescere, piano piano, poco a poco, eppure con costanza. A un certo punto mi sono persuaso che la destra in Italia non è mai morta, mentre io credevo che fosse agonizzante. Essa con Giorgia ha ripreso vitalità suscitando partecipazione nell'elettorato, tanto che in maniera non repentina eppure abbastanza veloce Fratelli d'Italia è arrivato a un livello che è addirittura concorrenziale alla Lega di Matteo Salvini.

Vincente la decisione di Meloni di restare salda all'opposizione con l'arrivo di Mario Draghi a Palazzo Chigi. Molti italiani non condividono le linee del governo e hanno appoggiato Giorgia cosicché ella è arrivata a toccare vette altissime di gradimento. Peraltro il suo è l'unico partito retto da una donna, la quale, come se non bastasse, viene attaccata in modo sgangherato e questo ce la fa amare ancora di più. A mano a mano che Meloni cresce, diventa maggiormente visibile nel mondo politico che prima la trascurava o la considerava una presenza ininfluente e non temibile. Ma soprattutto da quando è passata – unica – all'opposizione, ha suscitato una straordinaria attenzione pure da parte degli elettori, i quali nutrono nei suoi confronti persino un certo affetto dal momento che si tratta di una donna, da sola, all'opposizione, con un partito aggressivo ma mai violento. Questo ha convinto parecchi italiani che Giorgia è coerente, coraggiosa, onesta, equilibrata nonché meritevole di essere appoggiata.

In questo Paese, quando non si sa come attaccare una persona che non sia di sinistra, si rievoca il fantasma del fascismo, che è appunto un fantasma in quanto il fascismo è morto settanta e rotti anni fa, quindi non esiste più, si sono estinti i fascisti così come si sono estinti i partigiani. Tuttavia, l'antifascismo rappresenta ancora un'arma che non si è spuntata. Allorché intendi attaccare qualcuno e non ravvisi le parole più taglienti, semplifichi dandogli del fascista e colui che è stato preso di mira non è più in grado di difendersi. Viene silurato con la stupidità. Ma Meloni non è assolutamente fascista né fa dichiarazioni che possano ispirarsi minimamente al fascismo, eppure per qualcuno il fascismo è una malattia mentale di cui soffrono tutti coloro che si schierano a destra, dunque pure Meloni. Fa ridere tutto ciò.

In Europa si sono accorti di Giorgia prima che ce ne accorgessimo noi, dato che *nemo propheta in patria*. Ella è il capo dei conservatori, non è considerata come in Italia una fascistella, i fascisti non esistono se non a livello folkloristico, fanno il saluto romano e non beccano neanche un voto. Ormai Meloni ha consolidato la sua leadership e la sua posizione e addirittura c'è chi teme che nelle prossime elezioni politiche, che si terranno nel 2023, Fratelli d'Italia possa diventare il primo partito italiano e Giorgia Meloni possa quindi avere diritto ad assumere il ruolo di presidente del Consiglio. Questo è probabile che succeda. Eppure io ho un timore. Temo che codesto antifascismo di maniera, adoperato sovente come un manganello per zittire gli antagonisti politici, venga utilizzato proprio su di lei allo scopo di impedire che divenga primo ministro. Qualora Giorgia fosse candidata al premierato in base ai voti incassati, i suoi nemici, per combatterla, ricorrerebbero a questi mezzucci fomentando una specie di sommossa popolare al fine di ostacolarne la strada verso la guida dell'esecutivo. E questo mi dispiacerebbe e non poco.

Spesso Giorgia viene a trovarmi nel mio ufficio, a Milano. Ridiamo, facciamo delle chiacchiere, ci confidiamo. Siamo diventati amici, direi che i nostri rapporti sono ottimi. Qualche mese addietro, giunta nel capoluogo lombardo per questioni di partito, ci siamo incontrati nell'ufficio di Ignazio La Russa e lì abbiamo parlato delle nostre tribolazioni. È stato in quell'occasione che Giorgia mi ha chiesto di candidarmi come capolista al Consiglio comunale di Milano. Io che non ho mai fatto politica attiva perché non è il mio mestiere – sono un giornalista e a fatica riesco a fare questo – figuriamoci se pensavo di buttarmi nell'agone politico. Però per un impeto di simpatia nei confronti di Giorgia ho accettato e sappiamo poi come è andata a finire. Insomma, soltanto una donna avrebbe potuto trascinarmi in politica, ma non una donna qualunque, bensì una donna intelligente, forte, capace come Giorgia.

Tuttavia, l'aspetto che mi rende Meloni simpatica è soprattutto il fatto che ella ama i gatti. Mi mandava le foto dei suoi mici e questo mi ha intenerito e la tenerezza è un sentimento più forte dell'odio, vince su tutto. Ci sentiamo quasi quotidianamente, ci inviamo messaggi, le do le mie opinioni senza la pretesa che vengano condivise e devo ammettere che Giorgia mi ascolta sempre, quantunque ella sappia benissimo come agire e non abbia bisogno dei consigli di chicchessia. Il punto di forza di Meloni, e occorre riconoscerglielo, è la sua capacità di ascoltare. Giorgia è attentissima a quello che succede alla gente, quindi anche a me, è una che presta l'orecchio, non soltanto una che parla, che fa dei comizi strepitosi. Secondo me, questa è una dote fondamentale in politica perché, se non conosci il popolo, come fai a rappresentarlo o a governare?

La prendono in giro per l'aspetto, l'accento marcatamente romano, la statura, e io trovo che ciò sia volgare. Giorgia è una donna molto gradevole e produce tristezza la circostanza che sia attaccata proprio dalla sinistra femminista. Il fenomeno Meloni è interessante da studiare poiché, nonostante questo femminismo imperante, assolutamente di facciata, la sinistra alimenta un'ondata di disgusto nei confronti di tutta la destra, signore incluse, tacciandola di essere sessista, maschilista, razzista. La contraddizione tra le prediche dei radical chic e il loro agire è stridente. Trattasi di una propaganda negativa compiuta in mancanza di altri argomenti, validi e sostenibili. C'è sempre un buon motivo per attaccare Meloni ricorrendo anche a insulti brucianti, eppure la solidarietà in questo caso non scatta mai in quanto lei non è progressista.

In Italia la politica è rimasta proprio nelle caverne. Tutto intorno a noi si è sviluppato, ma i politici seguitano a insultarsi nella maniera più squallida possibile. Sono esseri primitivi, si ricoprono di improperi e accumulano debito pubblico, non sanno fare altro.

Diego Della Valle

Sono trascorsi già oltre trent'anni dal giorno in cui conobbi Diego Della Valle. Correva l'anno 1990 e la di lui azienda era già importante, quantunque non fosse ancora il colosso che da lì a breve ebbe a diventare. Diego era poco più che trentenne e aveva già dato prova di possedere un talento imprenditoriale piuttosto spiccato, direi straordinario, ossia fuori dagli schemi.

L'incontro avvenne al St. Andrews, un ristorante di Milano, e a combinarlo fu Maria Luisa Agnese, mia vicedirettrice all'«Europeo», la quale conosceva già Della Valle poiché, quando ella lavorava a «Panorama», aveva fatto servizi riguardanti il noto imprenditore e i suoi marchi. Durante il pranzo lo interrogai, sebbene – in questo sono un giornalista forse atipico – non sia animato da una sviscerata curiosità nei confronti degli altri, a meno che l'individuo che mi sta innanzi non abbia in sé qualcosa di speciale e che io riesca a percepirlo. Con i suoi modi, il suo garbo, la sua educazione, tipicamente meridionale, Diego aveva catturato la mia attenzione e, conversando, ossia ascoltando i suoi ragionamenti, con piacere mi resi conto che il giovane era un fuoriclasse.

Da quel momento cominciammo a incontrarci spesso, abitudine che manteniamo tuttora, anche se i nostri pranzi, o meglio, le nostre cene sono sporadiche. Quando si trovava a Milano, non mancava di telefonarmi. Diego ha la capacità di farti sentire il suo affetto e la sua amicizia ma senza smancerie. E in questo siamo molto simili. Con l'intercessione del nostro amico, Luca Cordero di Montezemolo, o Monte Prezzemolo, Diego aveva messo a segno un colpo formidabile. E pure da questo si evince il suo spiccato e incontenibile spirito imprenditoriale e affarista: era riuscito a fare indossare al mitico Gianni Agnelli, ritenuto già in vita un'icona di stile ed eleganza, le poi celebri scarpe con i chiodini di gomma, inventate proprio da Diego. Sia chiaro, Agnelli non se le infilò per fare un favore a Della Valle. Le provò, forse con un po' di scetticismo, e dopo non volle più togliersele. L'avvocato se le sentiva comode, come si usa dire, e, quando prendeva parte a qualche talk televisivo e accavallava con ineguagliabile nonchalance una gamba sull'altra, ecco che si svelava sfacciatamente la suola bizzarra, particolare, strana. Scelta felice e intelligente, in un nanosecondo le scarpe con i chiodini erano divenute emblema di classe oltre che ambitissimo status symbol. Il successo della calzatura ideata da Della Valle fu strepitoso e tuttora resta una delle più imitate del pianeta Terra. E non escludo che i mocassini di Diego vengano indossati persino su Marte.

Il grande vantaggio di Diego, ovvero l'elemento che lo pone un gradino o più al di sopra degli altri, è costituito dalla sua più grande virtù, l'umiltà. Egli è rimasto un ragazzo di provincia, marchigiano, abitante di un piccolo paese, al quale Diego è visceralmente legato. E pure in questo non differiamo. Un giorno mi invitò a casa sua, nel suo paesello, Sant'Elpidio. Erano ancora gli anni Novanta, io ero passato già da un pezzo alla direzione del «Giornale». Fui accolto in questa villa meravigliosa, imponente, gigantesca, dove mi fermai pure a dormire dal momento che il giorno seguente avrei dovuto prendere parte in qualità di concorrente a una gara di trotto, la quale si sarebbe tenuta non lontano da lì, ovvero a San Giorgio, dove si trovava un ippodromo molto importante.

Diego non soltanto mi trattò da ospite onorato, ma fece di più, molto di più, forse troppo di più: si offrì addirittura di accompagnarmi a San Giorgio e lo fece con un elicottero, mica in macchina. Avremmo dovuto percorrere forse quindici chilometri, il tragitto dunque era breve, farlo a bordo di un velivolo mi appariva lievemente insensato e poi io ho il terrore di volare dopo la mia esperienza nei cieli alla volta di Palermo con Marco Pannella, ma questa è un'altra storia. A ogni modo non ebbi il coraggio di rifiutare la cortesia di Diego e fui costretto a vincere la mia fobia senza lasciarla tracimare neppure attraverso un'impercettibile espressione facciale. Diego mi scortò fin dentro l'ippodromo con l'elicottero, mi preservò persino dalla fatica di compiere un solo passo, mancava solamente che gareggiasse al posto mio. Fatto sta che ero talmente emozionato e agitato per l'esperienza che nella gara non vinsi, anzi diciamo pure che perdetti clamorosamente, sebbene – senza falsa modestia – fossi avvezzo ai trionfi in questo genere di competizioni.

Non ripartii per Milano quella sera, bensì mi trattenni ancora nei luoghi natali di Diego, il quale aveva combinato una sorta di incontro pseudoculturale con i suoi concittadini, una conferenza nel corso della quale insomma discettammo più di vita che di politica, anche perché la vita è l'unica cosa che interessi sul serio alla gente. Intrattenni la platea tessendo l'apologia e l'esaltazione della cultura della provincia. Chi nasce lontano dai grandi agglomerati urbani, dalle metropoli, non è né tagliato fuori né tantomeno penalizzato, in quanto per uscire dall'anonimato, dal conformismo tipico provinciale, devi realizzare qualcosa di eccezionale, distinguerti, emergere, essere diverso. E c'è chi, come il nostro Della Valle per l'appunto, si industria per riuscire, animato da una passione fuori dal comune.

Diego ricevette in eredità dal padre, persona abile, una piccola azienda di calzature e quella piccola fabbrichetta il figlio l'ha fatta diventare un brand internazionale del lusso. Oggi in tutto il mondo si vendono i suoi prodotti Made in Italy e questo signore ha un'abilità diabolica nell'anticipare i gusti e le tendenze del mercato. Coglie le nuove mode e le impone. Nel marketing, dopo l'operazione Agnelli, ha seguitato ad azzeccarle tutte. Ultimamente, per esempio, ha fatto entrare l'influencer Chiara Ferragni nel cda dell'azienda e, non appena ciò è avvenuto, il marchio di Della Valle in Borsa è schizzato a livelli importantissimi. Quelle di Diego sono intuizioni prodigiose. Nonostante non ami particolarmente il calcio, Diego ha investito pure in questo settore, acquisendo diversi anni fa la Fiorentina, di cui suo fratello Andrea è stato presidente. La squadra versava in uno stato di difficoltà estrema ed era crollata come categoria, ma con l'arrivo dei Della Valle ha risalito la china e pure velocemente. Insomma, qualsiasi cosa Diego tocchi, essa diventa oro.

Il mio amico è tipo abbastanza stravagante. Ogni anno mi offre ospitalità nella splendida Capri, dove ha una casa molto bella, eppure io declino l'invito, dato che non vado matto per le trasferte, sono piuttosto sedentario. Tuttavia partecipo con piacere alle frequenti cene che Diego organizza nella sua abitazione di Porta Venezia, a Milano, a pochi passi dalla sede di «Libero». Gli ospiti abituali – tra cui Marco Tronchetti Provera, Carlo Rossella, banchieri, industriali, c'è un po' di tutto – vengono radunati intorno a una tavola rotonda e lì si discute, ciascuno esprime la propria opinione, si parla altresì di politica, va da sé, ma sempre in tono un po' scherzoso. Diego Della Valle è il padrone di casa più squisito che si possa immaginare, sebbene non sia nato in una famiglia aristocratica da ogni suo gesto trapela una rara signorilità. Sorprende, per esempio, il modo in cui egli riesce a mettere ciascuno a proprio agio, a partire dall'assegnazione dei posti a sedere, sempre compiuta con estremo equilibrio e intelligenza, passando per un menu semplice, mai sofisticato.

Qualche anno addietro, grazie a Diego, ho risolto un problema non poco pernicioso. Maurizio Crozza aveva preso a imitarmi in televisione e devo ammettere che guardandolo mi divertivo da matti, però la maniera in cui l'imitatore si conciava non era di mio gradimento e mi sembrava che non rispecchiasse affatto il mio stile. Allora mi recai in via Della Spiga, a Milano, in uno dei negozi di Della Valle per acquistare una giacca blu, Fay, del modello che io indosso non di rado, e inviarla a Crozza. Ho fatto di tutto per pagarla, ma non mi è stato permesso di mettere mano al portafoglio. Diego è così, la generosità fatta persona. Da quel momento Crozza ha iniziato a vestirsi, anzi a travestirsi da Feltri, più decentemente, evitandomi parecchi mal di pancia.

Mentre durante la pandemia da coronavirus le aziende chiudevano, milioni di lavoratori si ritrovavano senza un impiego e una nuova organizzazione del lavoro, basata sul cosiddetto *smart working* o «lavoro agile» ovvero da casa, si imponeva come abitudine di vita, Diego Della Valle, che non segue la corrente ma la traccia, ha costruito una fabbrica nelle Marche incrementando l'occupazione nella sua terra natia.

Coraggio, o addirittura audacia, intraprendenza, modestia. Sono qualità che appartengono a Diego, il quale mi ha insegnato che l'umiltà non è mai segno di debolezza. Essa è una forza. Anzi di più, è potere. E quel potere lo avverti quando vedi Diego che se ne sta in silenzio e osserva e ascolta tutti. In questo egli mi ricorda molto un altro grandioso imprenditore italiano, Antonio Percassi. Sono uomini non elaborati, con l'animo da colomba, con i piedi per terra e l'orecchio sempre rivolto verso il basso, i quali, allorché maturano una certezza, vanno avanti per la loro strada con testardaggine, credendo fermamente in quello che fanno. Ed è così che raggiungono i loro obiettivi e fanno valere la propria visione.

Per compiere cose eccezionali occorre ascoltare, è innanzitutto questo il segreto. Ma cosa vi è di più difficile per l'essere umano?

Matteo Salvini

Seguo Matteo Salvini da parecchi anni, ovvero da quando accadde il terremoto nella Lega e venne escluso dal vertice Umberto Bossi, il quale era impedito per mille motivi, anche di salute, ma io personalmente non conoscevo questo giovane che se ne andava in giro vestito da profugo appena approdato a Lampedusa, con orribili felpe verdi, ostentando un linguaggio talvolta da uomo con la clava sebbene molto efficace. Allorché fu issato a capo del Carroccio al posto di Roberto Maroni, io, non avendo di Salvini un'impressione precisa, attesi prima di formarmi una mia personale opinione su cosa potessimo attenderci da costui. Insomma, mi mancavano gli elementi per giudicarlo ed ero quindi diffidente, o meglio, prudente. Ero anche convinto che la Lega Nord, essendo precipitata al 4 per cento, quindi avendo più che dimezzato i consensi, difficilmente sarebbe risorta, riuscendo a recuperare voti.

Partecipai alla manifestazione «L'è ura de netà fò ol polér», dal bergamasco «è ora di pulire il pollaio», tenutasi a Bergamo nell'aprile 2012, dove tra i militanti della Lega si respiravano sia rabbia per come erano andate le cose sia desiderio di rinnovamento. E quel rinnovamento ci fu: Salvini nel giro di poco tempo, ovvero un paio d'anni, ha risollevato le sorti del partito fondato da Bossi, recuperando ampio consenso, crescendo nei sondaggi, estendendo l'influenza della Lega al di fuori dei confini della Padania. Questi risultati sorprendenti sono indiscutibilmente merito di Matteo Salvini, il quale ha l'abilità di cavalcare temi molto popolari, di essere sintonizzato sulle esigenze reali della gente, di riuscire a interpretare il pensiero e lo stato d'animo di una base non più soltanto nordica, cioè lombarda, piemontese e veneta, realizzando un miracolo.

Salvini ha fatto risorgere la Lega e questa operazione mi ha impressionato. È così che ho preso a osservarlo con molta attenzione, a interessarmi a lui, a tenere in considerazione le sue affermazioni e proposte. Dirigevo il «Giornale» e scrivevo spesso di lui, quando un giorno, mentre mi trovavo a bordo di un treno diretto dal Veneto a Milano, ricevetti una telefonata da un numero che non conoscevo. Era Salvini, il quale mi chiedeva se mi andasse di essere il candidato della Lega e di Fratelli d'Italia al Quirinale. Si trattava di una sorta di candidatura di bandiera, con alcuna chance di vincere, anche perché di trasferirmi al Colle non avevo nessuna voglia. Mi faceva piacere, però, essere rappresentante di Lega e FdI in Parlamento, dunque accettai. Giunto il giorno delle elezioni, a leggere i risultati in aula era ovviamente l'allora presidente della Camera, Laura Boldrini, la quale non appena doveva pronunciare il mio nome faceva una smorfia involontaria, cioè il viso le si contorceva in un'espressione di disgusto. Va da sé che la cosa mi abbia non poco trastullato. Anzi, diciamo pure che fu un vero spasso seguire tutta la votazione, dall'inizio alla fine, e sbellicarmi dalle risate nel momento in cui Boldrini era costretta a leggere «Vittorio Feltri». Naturalmente, e per fortuna, non fui eletto, noiosa è la vita da presidente della Repubblica.

Le elezioni del 4 marzo 2018 certificarono in maniera incontrovertibile l'ascesa della Lega, che conquistò il 17 per cento delle preferenze. Il miracolo di Salvini era ormai sotto gli occhi di tutti, ma la vittoria non era un trionfo. Non si poteva mica compattare una maggioranza con il 17 per cento. Si trattava adesso di formare il governo. Il Pd non era disponibile a fare alleanze strambe, Matteo Renzi, allora ancora segretario del Partito democratico, in conferenza stampa riconobbe che il suo partito era stato bocciato e che occorreva fare un passo indietro. Il M5S si era aggiudicato il 33 per cento dei voti, che, sommati a quelli della Lega, consentivano di mettere insieme una maggioranza tale da sostenere l'esecutivo. Certo, ma per allearsi con i pentastellati ci sarebbe voluto coraggio, anzi no, tanto fegato.

Non avevo nessuna stima del Movimento fondato da Beppe Grillo e Gianroberto Casaleggio, come molti altri avevo intuito che i grillini erano una compagnia del filo di ferro, come si dice dalle mie parti, ovvero un gruppo di sbandati i quali, arrivati in Parlamento, si erano montati la testa. Tuttavia il governo gialloverde si fece e durò poco più di un anno durante il quale Matteo Salvini, in qualità di ministro dell'Interno, si distinse e si distinse così tanto da essere poi perseguitato e processato per il suo agire. A ogni modo, la maniera in cui il capo del Carroccio ricoprì il suo ruolo di vertice del Viminale fece accrescere di molto la mia stima nei suoi confronti. Accadde l'inimmaginabile: diminuzione drastica degli sbarchi illegali e dunque anche dei morti in mare. La sinistra sosteneva che fosse impossibile arrestare gli arrivi dei clandestini, Salvini è stato in grado di compiere quindi l'impossibile, ne prendiamo atto, anzi ne prendano atto i suoi detrattori.

Ma nemica di Salvini fu forse l'impulsività. Nel maggio 2019 si tennero le consultazioni europee, un ulteriore successo per la Lega, che balzò al 34 per cento. Intanto i rapporti con gli alleati di governo si facevano sempre più difficili, tesi, complicati. L'animo di Matteo doveva essere come una pentola a pressione, che esplose nell'infuocata estate di quell'anno. Il leader della Lega avrà pensato, ma questa è una mia interpretazione senza prova, che, se si fosse tornati alle urne, la Lega avrebbe potuto ottenere una consistente maggioranza e governare senza i grillini che continuavano a fare ostruzionismo, quindi si dimise decretando la fine del Conte I. Tuttavia, mai Salvini ha spiegato i motivi della sua repentina uscita. Ha addotto come motivazione, comunque plausibile, l'uso dei pentastellati di bocciare ogni iniziativa leghista. Salvini non ha calcolato, e questo è stato un gravissimo errore dettato forse dall'ingenuità politica, che c'era comunque la disponibilità del Pd di sostituirsi alla Lega, sebbene i democratici seguitassero a urlare la loro ostilità nei confronti dei 5 Stelle. Poi, alla resa dei conti, sentendo il profumo di poltrone e avendo l'occasione di infliggere un duro colpo a Salvini, relegandolo in un angolo, lo hanno fatto, cioè hanno stretto un accordo con i nemici.

Ed è così che Matteo è rimasto fuori dal governo, mentre il Pd vi è entrato. Poi, in questo scenario, ha fatto irruzione pure la pandemia e l'ipotesi di andare al voto, che era già improbabile, è stata del tutto scartata. Non essendo un esecutivo stabile e solido, dato che il collante che ha tenuto insieme democratici e grillini non è stato l'amore verso il Paese ma l'odio verso Salvini nonché la cupidigia, il governo giallorosso è crollato come un castello di sabbia e per mano di colui che aveva favorito in tutti i modi questo sposalizio di convenienza, ovvero Matteo Renzi. Profilatosi Draghi sulla scena politica, Salvini si è messo con i due partiti con i quali mai avrebbe voluto associarsi: con Pd e M5S. Il che ha lasciato perplesso me e, come me, milioni di elettori, che apprezzano di Matteo la lucidità eppure non gli perdonano i clamorosi e inspiegabili colpi di testa.

Taluni comportamenti di Salvini lasciano attonito l'elettorato. Si dice contrario ad alcuni provvedimenti del governo di cui la Lega è parte e poi la Lega li approva in Consiglio dei ministri di lì a qualche giorno o addirittura di lì a qualche ora. Questa condotta ha comportato inevitabilmente uno sbiadimento della figura di Salvini e il calo di stima si evidenzia altresì nei sondaggi. La gente non comprende più dove intenda andare Matteo, che prima distrugge l'alleanza con i grillini, poi ci si rimette insieme, Pd incluso. Gli italiani gli rimproverano un'assenza di coerenza. È come se il leader offuscato versasse in pieno stato confusionale.

Fin dal primo momento, ancora prima della formazione del governo Draghi, ho manifestato la mia perplessità riguardo a una possibile adesione della Lega a una maggioranza per nulla amalgamata, mentre tutti incoraggiavano codesta scelta senza valutarne rischi e danni. Si sono dovuti ricredere in quanto la Lega non riesce a fare sentire il suo peso, è minoritaria rispetto ai giallorossi, è minoranza, e questo la fa apparire debole, non incisiva, poco affidabile, poco credibile tanto più allorché muta posizione. Quando attraverso i miei editoriali ho fatto notare a Salvini che ha perduto lucidità e l'ho invitato a recuperarla, egli si è risentito, come coloro che sanno di avere torto, di avere combinato una pasticcio. In preda alla rabbia mi ha mandato un messaggio sul cellulare: «Con te ho chiuso», o qualcosa del genere. Non ho risposto. Del resto, a me cosa vuoi che me ne freghi di aprire o di chiudere con Matteo Salvini? Non è mica il mio fidanzato. Ammetto che mi è dispiaciuto che non abbia accettato i rilievi che gli ho sottolineato, da allora i rapporti sono congelati. Il gelo è totale e non l'ho più visto né sentito.

Quando va al mare e indossa il costume da bagno, o quando mangia pane e Nutella o si fotografa con succulenti piatti della tradizione nostrana con un sorriso un po' da ebete o sventola il Rosario, viene criticato aspramente da chi prima storceva il naso davanti ai felponi verde prato, che Matteo ha riposto da un bel po' nell'armadio, eppure questi giudizi feroci non li comprendo. L'unico rimprovero che gli muovo è che la sua politica negli ultimi anni non è stata coerente al suo pensiero. Da quando ha smesso, per sua esclusiva decisione, di fare il ministro dell'Interno, ha sbandato e questo ha avuto ripercussioni sul partito.

Giulio Giorello

Giulio Giorello lavorava con me al «Corriere della Sera», ma non avevamo un rapporto quotidiano, in quanto egli non era obbligato a frequentare la redazione, essendo un collaboratore esterno. Tuttavia, allorché gli capitava di passare da via Solferino, non trascurava mai di raggiungermi alla mia postazione, facevamo due chiacchiere e bevevamo un caffè insieme, sebbene fossimo entrambi solitari ci piaceva farci compagnia.

Leggendo i suoi commenti avevo capito che era un personaggio profondo, in grado di descrivere la realtà in modo non banale. Giulio Giorello, professore di filosofia della scienza, era molto acuto nelle sue analisi, le quali riguardavano i comportamenti umani. Oggi avremmo bisogno di Giulio più che mai, perché alla pandemia e ai nostri schizofrenici rimedi per affrontarla egli sarebbe in grado di fornire spiegazioni di gran lunga più utili e sensate rispetto a quelle che vengono tessute negli studi televisivi da parte di virologi, sedicenti esperti, politici, politicanti, giornalisti e gente comune, persone che pontificano senza conoscere nulla, che azzardano previsioni che si rivelano puntualmente errate, che diffondono il terrore in maniera virale.

Non posso affermare di essere diventato amico di Giorello subito, tuttavia immediato è stato un certo feeling, determinato da una sorta di affinità mentale che evidentemente noi esseri umani annusiamo. Proprio come me, Giulio sul clima, per esempio, non era politicamente corretto, non gradiva le mode del pensiero, gli apparivano ridicole, egli era uno spirito libero, un uomo colto che ragionava con la sua testa e se ne fregava dei passeggeri dogmi culturali, semmai si divertiva a demolirli. Ce l'aveva con i verdi, gli ecologisti, gli ambientalisti che, a suo avviso, fondavano i propri convincimenti sul terreno sdrucciolevole di un'informazione incompleta e asservita al conformismo. Secondo Giorello, essi ripetono cose che sentono o che leggono sui giornali, e bastano due articoli affinché si persuadano riguardo alla validità di quelli che non sono altro che miseri luoghi comuni spacciati per teorie inconfutabili.

Dirigevo l'«Europeo» quando contattai il mio amico per affidargli la stesura di un articolo riguardante la birra. Consumarla stava diventando un fenomeno diffuso pure in Italia, la bevanda si era appena inserita nelle abitudini beverecce degli abitanti della penisola, quindi mi sembrava opportuno approfondire questo nuovo costume di importazione nordica e la persona più adatta al compito non poteva che essere Giulio, il quale mi aveva parlato a lungo di birre, dimostrandomi una certa competenza. Va da sé che mi consegnò un pezzo memorabile, che si beveva tutto d'un sorso. Esso conteneva riferimenti storici, risvolti psicologici, aspetti sociologici. Insomma, Giorello scrisse un minitrattato sulla birra, per nulla tedioso, roba che avrebbe incuriosito e catturato persino gli astemi.

Tuttavia, Giulio prediligeva senza ombra di dubbio il whisky, di cui si intendeva alquanto. Quando ci capitava di pranzare o cenare insieme, concludevamo il pasto sorseggiandone un goccetto e lì si parlava di questo distillato miracoloso, che è anche il più prodotto e il più consumato al mondo. Dovrebbe risultare sgradevole o poco educato discutere di cibo mentre si mangia o di bevande mentre si beve, ma non in questo caso, poiché Giulio spiegandoti il whisky ti spiegava la vita. Chi non beve ha una vita senza errori e una vita senza errori non è degna di essere vissuta. Mi aveva confidato che, prima di mettersi a scrivere qualsiasi cosa, mandava giù un sorso. Sosteneva che questa operazione lo aiutasse a rilassarsi e dunque a mettere in ordine le idee, favorendo concentrazione e creatività.

Giorello, come mi ripeteva, sposava il pensiero del poeta Robert Burns, il quale riteneva che whisky e libertà se ne vadano in giro tenendosi per mano. Per Giulio, il distillato scozzese rappresentava la libertà in tutte le sue forme. E se qualcuno al tavolo osava osservare: «Sì, però fa male», allora apriti cielo. Il mio amico prendeva a discettare circa l'importanza, anzi la necessità, di recuperare la dimensione del piacere, permettendo a noi stessi di essere liberi innanzitutto in questo, ossia di godere di ciò che potrebbe nuocere. «A essere dannoso, in fondo, è soltanto l'abuso, ovvero l'eccesso» puntualizzava il filosofo, il quale continuava poi a esaltare il piacere dell'ebrezza che dà il whisky, un effetto da tutelare, a suo giudizio, in un'epoca come quella che viviamo, in cui si espandono pure in Europa religioni che proibiscono l'alcol, che temono l'alcol, in quanto esso è libertà e godimento.

Oltre che di alcolici discutevamo dei fatti italiani, ma sempre visti attraverso uno spettro culturale più che politico. Giulio non nutriva passione politica, sebbene fosse in grado di analizzare il costume degli italiani come nessun altro. Quando la nostra amicizia era ormai consolidata, abbiamo cominciato a presentare parecchi libri insieme. L'ultimo era un romanzo, insieme a noi, in qualità di relatrice, era la giornalista Azzurra Barbuto. Seduti ai margini di una piscina, non senza il timore di finirci dentro, intrattenemmo il pubblico parlando del tema che più interessa alla gente, ossia l'amore, il sentimento. A questo proposito, devo dire che non ho mai investigato riguardo alla vita privata di Giulio, anche perché egli era molto riservato, però mostrava di essere abbastanza ferrato in materia amorosa, di avere conosciuto insomma i patimenti ma anche le gioie incontenibili che solamente l'amore riserva. Alla fine, il vero sentimento è quello che viene protetto e non sbandierato ai quattro venti, quello vissuto intimamente, quasi come se fosse un qualcosa di individuale.

Non ho mai udito una banalità provenire dalla bocca di Giulio. Egli aveva un unico nemico: il conformismo. Purtroppo, mentre si trovava nel Mezzogiorno per una trasferta di lavoro, accusò un malore. Si salvò grazie al tempestivo intervento di un nostro caro amico, che è anche il nostro agente letterario, Vincenzo D'Elia, il quale accompagnò d'urgenza Giulio in ospedale, dove venne sottoposto a un'operazione chirurgica abbastanza delicata al cuore. Dopo questo episodio non fu più lo stesso, era affaticato, ma almeno restò tra noi ancora per qualche anno, seguitando a scrivere i suoi libri. Di Giulio ricordo che vergava a mano su fogli volanti, che teneva in tasca e qualche volta mostrava. Era un uomo particolarmente brillante, originale, anticonformista, questo suo modo di essere esercitava fascino e magnetismo sugli altri.

Non era un chiacchierone. Era molto educato, sempre delicato, non interrompeva mai, non sovrapponeva la sua voce a quella degli altri. Prediligeva ascoltare e poi semmai intervenire. Però, quando lo faceva, uno ieratico silenzio calava nella stanza, tutti rimanevano zitti, poiché Giulio emanava autorevolezza. Si imponeva con la pacatezza nonché con ragionamenti lucidi, non privi di ironia. Giorello era caustico, il suo umorismo assomigliava ai suoi modi, era alquanto anglosassone. Lo vidi per l'ultima volta al ristorante Il Baretto, proprio pochi giorni prima che morisse. Sono grato a Giulio perché mi ha trasmesso un metodo di ragionamento che non contempla il giudizio. Occorre sviluppare una mentalità critica, però non per demolire gli altri, bensì per confrontarsi con gli altri elaborando il proprio pensiero.

Nadia Toffa

Come tutti gli italiani, o quasi tutti, ho conosciuto Nadia Toffa guardando la televisione, quando era una inviata delle «Iene», programma che poi arrivò a condurre con grande abilità e leggerezza. Ci incontrammo faccia a faccia nel mio ufficio, presso la sede di «Libero», a Milano.

Erano quelli i giorni in cui non si parlava d'altro che del caso Weinstein. Harvey Weinstein, produttore cinematografico statunitense, era stato accusato da diverse star di Hollywood di molestie e violenze sessuali, e anche Asia Argento aveva raccontato di avere subito il medesimo trattamento. Non entro nel merito della questione, mi limito a sottolineare che fu in quell'occasione che Nadia venne a intervistarmi riguardo a questa faccenda.

Nacque così l'amicizia tra me e Nadia. Diventammo due amici adolescenti, di quelli che il pomeriggio escono per mangiare il gelato insieme. Si trattava di un rapporto pulito, ingenuo, fresco. Nadia è stata una ventata di aria pura nella mia vita. Mi sommergeva di messaggini simpatici, carichi di simboli come cuori, faccine, che io non sapevo decifrare, non avendo dimestichezza con queste diavolerie della tecnologia. Eppure mi abituai a utilizzare le emoticon per adeguarmi e ricalcare la maniera di esprimersi di Nadia, mi appariva giusto e gentile farlo. C'era una simpatia tra noi, niente di peccaminoso, abbiamo preso a telefonarci e anche a frequentarci e devo ammettere che mi piaceva parecchio la sua compagnia perché la giovane era intelligente, vispa, conversare con lei gradevole.

La relazione si è intensificata proprio pochi mesi prima della scomparsa di Nadia. Pranzavamo spesso insieme e ogni volta che la vedevo mi sembrava in piena salute sia dal punto di vista fisico che mentale, così mi ero quasi dimenticato che una malattia terribile la stava consumando dall'interno e pure delle terapie debilitanti a cui periodicamente ella si sottoponeva per tentare di combattere una guerra che a breve l'avrebbe vista sconfitta. A causa di questa assiduità non soltanto mi sono affezionato, ma ho scoperto oltretutto che Nadia era una donna brillante, capace, volitiva, anche un po' tignosa, eppure garbata e sempre in grado di tenere una conversazione educata, dote oggi sempre più rara. Però ciò che più mi colpiva di lei era l'animo da bambina. Il suo temperamento non era di quelli aggressivi, ella era addirittura ingenua. Non ci confrontavamo su questioni ideologiche, discutevamo di noi, della vita, di fatti umani e sociali, e cercavo di confortarla senza essere invadente o scadere nelle stucchevoli frasi fatte. Sorrideva e rideva sempre, non pianse mai se non una sera.

Ci ritrovammo a cena al Baretto io, Nadia, Azzurra Barbuto e Piero Chiambretti. Ero passato io stesso a prendere Nadia a casa, come usavo fare di solito ogni volta che si decideva di vedersi. In quell'occasione lei era effervescente più che mai, continuò a parlare per ore, a ridere, a scherzare, tanto che era persino difficile per noialtri inserirci nella conversazione. Toffa era protagonista assoluta, pur non risultando affatto invadente o impositiva. Ascoltarla era una gioia, la sua allegria era contagiosa, sprigionava talmente tanta vitalità ed entusiasmo che nulla di lei faceva immaginare che fosse gravemente malata, tanto malata che le restavano pochi mesi di vita. Non la tradiva neanche la parrucca che indossava in quanto, in seguito alle terapie, aveva perso i capelli, neppure il gonfiore del viso, che non ne alterava la gaiezza. Sembrava che ella facesse di tutto per farci scordare la sua condizione o che facesse di tutto per dimenticarla. Ci mostrava con orgoglio una collanina che aveva fatto lei stessa proprio quel pomeriggio, con le sue mani, vi erano attaccate delle lettere che formavano la parola «monster», ossia «mostro». Chissà perché quel vocabolo la divertiva tantissimo! La guardavo così lieta e mi pareva di osservare una pargoletta, provavo in quei momenti una tenerezza quasi dolorosa. Per effetto di quell'atteggiamento forte e ilare nessuno al mondo avrebbe potuto dire che Nadia stesse per lasciarci. Appariva sull'orlo della vita e non sull'orlo della morte, invece era in bilico tra una e l'altra.

E poi accadde che Piero ci raccontò una storia d'amore che aveva vissuto qualche anno prima, e lo fece così bene che partecipammo tutti emotivamente fino a commuoverci e allora si spaccò improvvisamente quell'argine che Nadia aveva eretto e che riusciva a contenere il fiume in piena di emozioni che ella provava a ricacciare in fondo all'animo. Scoppiò a piangere. Dal nulla ci disse, con una calma che faceva impressione e rendeva le sue parole ancora più taglienti, che non era più operabile, poiché il cancro si era insinuato in una zona del cervello non più raggiungibile chirurgicamente, non le restava che bombardarsi ancora con la chemioterapia. E poi: «Io lo so che sto per morire. So benissimo che devo morire. Ma non piango per questo, sia chiaro. Sto piangendo per mia madre, perché lei perderà una figlia e questo non dovrebbe avvenire, non corrisponde all'ordine delle cose».

In effetti, la dipartita di un genitore rientra in una dolorosa normalità, ma quella di un figlio è qualcosa di innaturale, a cui non potrai rassegnarti mai. Cercammo di consolarla con le solite frasi di rito, del tipo «ce la farai», «vedrai che ne uscirai vincitrice», «non morirai, non pensare queste cose». Eravamo tutti e tre sconvolti da quelle dichiarazioni e, allorché ti confronti con un patimento così grande, qualsiasi cosa tu dica ti risulta sciocca. Lei ci ascoltava muta, si asciugava i lacrimoni e sembrava quasi apprezzare il nostro sforzo. Il coinvolgimento fu tale che alla fine al tavolino di quella sala gremita di gente tutti eravamo sopraffatti dalla malinconia. Ognuno per la sofferenza di Nadia e anche per le proprie sofferenze, quantunque più misere. Eravamo coinvolti, partecipavamo.

Cominciò a girarmi la testa, mi alzai per andare via e sulle scale scivolai sbattendo la testa. Nonostante abbia la capoccia dura, il colpo provocò un taglio, quindi fu necessario chiamare i soccorsi. Mi rifiutai di recarmi in ospedale, anche perché stavo bene. Però mi fu consigliato di rincasare subito per riposare. Azzurra avrebbe dato un passaggio a Piero e anche a Nadia, ma quest'ultima non aveva alcuna intenzione di lasciarmi. La vidi in preda al panico, continuava a ripetere agli uomini della mia scorta che voleva salire in macchina con me e che fossi io ad accompagnarla a casa. Azzurra provò a rassicurarla, ma fu inutile. Nadia non si staccava da me, si agitava, urlava. Allora decisi di esaudire la sua richiesta, in quanto mi resi conto solamente in quel momento che Nadia aveva bisogno di sicurezza e che io in qualche modo, quantunque acciaccato e ferito, riuscivo a trasmetterle questo senso di protezione. Neppure io volevo lasciarla, sebbene le mani di Azzurra fossero più che fidate. Quella sera mi apparve per la prima volta fragile, proprio come lei non voleva assolutamente essere vista o considerata.

Se c'era capitato altre volte di discettare di cose tristi, alla fine l'avevamo sempre messa sul piano dello scherzo. Credo che Nadia desiderasse in tale maniera esorcizzare il suo malessere nonché la paura e la malattia stessa. Ritengo che con me si distraesse e che per questa ragione mi cercasse. Parlavamo tanto di questioni lavorative ma anche di fenomeni sociali. Nadia si confidava con me, mi narrò la storia della sua giovinezza, i motivi che l'avevano spinta a intraprendere la carriera giornalistica nell'ambito della televisione. Era stata la sua prepotente e naturale capacità di interloquire con le persone con cui si rapportava a indurla a fare tv. Provavo empatia e simpatia nei suoi confronti, cosa che non c'entra nulla con il sesso, era diventata un'amica vera. E io ero tornato giovane con lei.

La morte di Nadia Toffa ha scosso tutto il mondo televisivo, non soltanto per la sua ancora verde età, ma pure perché ella era straordinariamente amata nonché per la velocità con cui è accaduto tutto. È un peccato che non sia più tra noi, poiché, se fosse sopravvissuta, avrebbe avuto davanti a sé una carriera sfolgorante. Tuttavia, la disgrazia per gli uomini e per le donne non è il morire bensì il nascere, ossia il venire al mondo.

La mia amica Nadia mi ha insegnato la dignità della malattia e la capacità di parlarne senza autocompiacimenti o vittimismo, bensì unicamente con la lucida consapevolezza che il male che la invadeva e avanzava dentro di lei l'avrebbe presto portata al cimitero.

Spesso mi manca.

Ornella Vanoni

Ornella Vanoni è sempre stata la mia cantante preferita, ero un ragazzino e lei già una cantante che cominciava ad affermarsi quando l'ho vista per la prima volta in tv, e subito ne sono rimasto colpito. La sua voce era tanto particolare che poteva sembrare un po' afona, in verità era molto melodica. Allora amavo la musica leggera, invece oggi la detesto perché le canzoni mi risultano tutte uguali, ripetitive e noiose. Poi sono cresciuto, mi sono trasferito a Milano per lavoro e finalmente ho conosciuto di persona Ornella, della quale mi hanno affascinato anche l'eleganza, il tatto, il modo cortese di rapportarsi agli altri. Erano i primi anni Novanta quando siamo capitati in uno stesso ristorante e ci siamo salutati, lei mi conosceva per via della mia professione, abbiamo fatto quattro chiacchiere. Un giorno mi invitò a casa sua, in largo Treves, un appartamento magnifico. Quella sera eravamo soltanto in tre, oltre alla padrona di casa eravamo Maria Luisa Trussardi e io. Ornella era sola e tesseva anche un po' l'elogio della solitudine, sebbene poi avesse rammentato con malinconia e tenerezza alcuni dei suoi compagni, incluso il cantante Gino Paoli, di cui parlava con grande affetto.

Mi sono fatto l'idea in quel momento che Ornella Vanoni fosse immortale. Insomma, beveva il suo vino, fumava i suoi spinelli, come ci aveva confessato, era una donna completamente disinibita, talmente libera da non essere in sintonia con la sua generazione, una che se ti deve mandare a quel paese lo fa in due secondi lordi. Mi appariva una dea.

Si è creato tra noi un feeling, spesso la incontravo nei ristoranti, allora univamo le compagnie. Un giorno un club di Varese mi regalò un cavallo splendido, tra gli invitati alla cerimonia di consegna c'era anche Vanoni. A un certo punto, la dea, ancora nel bel mezzo della manifestazione, mi si avvicina e mi dice: «Vittorio, mi scappa la pipì, dove cazzo vado a farla?». Eravamo in un giardino e io, per scherzare, le ho risposto: «Ti posso dare un consiglio. Vedi, qui c'è un bel prato, lì una bella pianta, vai e sistema la pratica». E Ornella lo ha fatto. Nascosta dietro la pianta che le avevo indicato si è sollevata la gonna e si è liberata. Va da sé che chiunque avrebbe potuto vederla, dato che l'arbusto la celava appena. E fece il tutto con una disinvoltura invidiabile. Da quel pomeriggio è lievitata enormemente la mia simpatia nei suoi confronti, pure perché quello di fare la pipì ovunque, senza scomporsi, è più un atteggiamento maschile che femminile, una donna che lo faccia con quella nonchalance, in mezzo a centinaia di persone ingessate, è del tutto inusuale e quindi pure divertente.

Adoro la sua brillantezza. Una volta ho partecipato a una trasmissione televisiva in cui lei avrebbe dovuto cantare, anch'io ero sul palco ed ecco che arriva un'altra confessione: «Vittorio, sai che non mi ricordo cosa cazzo devo cantare?». Ed ecco che arriva un altro mio consiglio: «Intona una canzone qualsiasi che ti venga in mente». Come sempre fu un successo clamoroso. Mi è capitato più volte di ascoltarla dal vivo e devo ammettere che è una dominatrice della scena, non soltanto per le sue qualità canore ma altresì per l'ironia, ha sempre la risposta pronta, è più rapida di un comico nel tirare fuori la battuta, tutto le riesce naturale. La sua spontaneità disarma. Osservandola mi sono persuaso che, se fossi nato donna, sarei stato Ornella Vanoni, mentre se Ornella Vanoni fosse nata uomo, sarebbe stata Vittorio Feltri. Entrambi ce ne infischiamo altamente di ciò che pensa la gente sul nostro conto.

Una sera ero a cena al Baretto e sul tavolino avevo il mio tablet con il quale ascoltavo un po' di musica per rilassarmi. Mi stavo deliziando con le note di una delle sue canzoni, *L'appuntamento*, la più struggente oltre che in assoluto la mia prediletta, quando entra nella sala proprio Ornella Vanoni. Allora io le faccio notare questa strana coincidenza e lei: «Vittorio, con tutte le canzoni belle che ho fatto mi rompi sempre i coglioni con questa!».

L'ho seguita anche al Festival di Sanremo del 2021, dove Ornella era ospite d'onore. Alla sua veneranda età conserva una voce potentissima nonché la spontaneità, la disinvoltura e l'ironia ineguagliabili. Oggi per me Vanoni è ancora una dea, quantunque l'abbia vista fare la pipì, cosa che dovrebbe renderla ai miei occhi più umana.

Spero che continui a cinguettare perché quando la sento cantare è come se io regredissi insieme a lei alla mia giovinezza, in quanto le sue note mi riportano a tempi che non rimpiango ma che pure erano pieni di piccole cose andate perdute che mi hanno dato gioia e conforto.

Ornella Vanoni mi ha insegnato che si possono canticchiare le cosiddette «canzonette» senza diventare stucchevoli, banali e melensi. Vanoni interpreta l'amore, però soprattutto la solitudine, quella che prova e vive ella stessa. La solitudine è anche la via per creare, è legata un po' a un dolore esistenziale, non specifico, e ti fornisce la carica per essere più umano. Ed è questa umanità, ossia questa sensibilità, a farti luccicare allo sguardo del pubblico.

Antonio Di Pietro

Ho conosciuto Antonio Di Pietro nel 1983: io ero direttore di «Bergamo Oggi», lui era sostituto procuratore nella mia città. Di Pietro è sempre stato un personaggio. Di origini molisane, è nato a Montenero di Bisaccia, ha modi abbastanza burini ed è arrivato alla magistratura dopo una disparata serie di lavori: è stato operaio in una segheria, lucidatore in un'azienda metalmeccanica in Germania. Infine, dopo la laurea in Giurisprudenza, è stato commissario di polizia e poi responsabile di un distretto alla Questura di Milano. Insomma, Di Pietro è arrivato a Palazzo di Giustizia a forza di braccia, facendo uno a uno tutti gli scalini. Forse per questo, in un ambiente snob come quello delle toghe, i colleghi lo detestavano, sostenevano che fosse inadeguato. Ma si sbagliavano.

Mi sono detto: «Io divento suo amico». Lui era stato abbandonato da tutti e in me aveva trovato una sponda, un giornalista che lo prendeva in considerazione, così ha cominciato a darmi notizie interessanti. Ricordo un fatto di cronaca eclatante, a quarant'anni di distanza ancora se lo rammentano tutti: il caso del mostro di Leffe, un piccolo comune della Val Seriana. Un bancario del paese,

Giovanni Bergamaschi, aveva ucciso la suocera, la moglie e la figlia. La suocera, Annunciata Brignoli, l'aveva ammazzata nel 1978 e l'aveva sepolta sul monte Croce, mentre tre anni dopo era toccato alla moglie Giannina Pezzoli e alla figlia Aurora di quattro anni, che poi l'uomo aveva murato dietro una parete eretta appositamente nel sottoscala di casa. Bergamaschi se n'era poi andato in Germania e per anni aveva inviato a casa cartoline falsificando la firma della moglie e della figlia, lasciando intendere che tutta la famiglia fosse emigrata e vivesse là felicemente.

I tre omicidi furono scoperti solo il 13 febbraio 1984: nel paese si parlava della vicenda, però la popolazione era sospettosa, Annunciata Brignoli non si vedeva più da anni, era difficile ricostruire i fatti. Di Pietro seguì il caso e andò a perquisire la villetta della famiglia scomparsa: c'erano tracce di sangue sulla scala ma si accorse che le gocce si interrompevano davanti al sottoscala, che era stato murato. Notò subito che la parete era stata tirata su malamente, di fretta. Bussò e sentì che dietro suonava vuoto. Gli agenti sfondarono a picconate la parete e rinvennero due sacchi dell'immondizia, dentro i quali si trovavano i corpi della moglie e della figlia di Bergamaschi.

Di Pietro diede la notizia solo a me. Mandai un cronista a Leffe, ma al tempo in provincia non si era abituati a trattare fatti di questo rilievo, così quando tornò scrisse un pezzo, me lo portò e io mi accorsi che era un articolo breve, nel quale non dava valore alla vicenda: gli tirai dietro la mia Lettera 22 e mi misi a riscrivere di mio pugno la storia. Facemmo un titolone in prima pagina e il giorno successivo andammo in Val Seriana con i tir pieni di giornali, in edicola non se ne trovava più una copia: Bergamo è piccola, se capita qualcosa nei paesi è come se succedesse in città e la provincia vibra subito per i fatti di sangue, perché le persone si conoscono o sanno per sentito dire, una notizia del genere chi non la legge? Due settimane dopo mi chiamò Gian Antonio Stella, che era stato mio collega al «Corriere della Sera»: mi diede la notizia che stavano arrestando Bergamaschi a Roma, alla stazione Termini, mentre si recava a trovare il fratello, docente universitario. Lo scongiurai di scrivermi trenta righe, dovetti insistere perché lui lavorava ancora per il «Corriere». Alla fine produsse le trenta righe che volevo e io le pubblicai: di nuovo fui l'unico a Bergamo ad aver dato conto dell'avvenuto arresto e, con mio sommo godimento, l'«Eco di Bergamo» bucò la notizia. Di nuovo vendemmo tutto il vendibile. Mi telefonò il direttore dell'«Eco», monsignor Andrea Spada, e mi disse: «Te Vittorio, quando te ne vai fora da i bal? Te me fe diventà mat». Non ne poteva più di avermi al giornale concorrente.

Bergamaschi ammise tutto, fece ritrovare il corpo della suocera che aveva seppellito in montagna, confessò di aver ucciso la moglie perché lei aveva sospetti sulla morte della madre e di aver ucciso anche la figlia perché sarebbe stata testimone. Poi si era trasferito in Germania Est, dove era rimasto per oltre due anni. «Quel caso resta l'emblema delle indagini tradizionali», racconterà poi Di Pietro. «Oggi dominano gli algoritmi, allora invece era fondamentale l'intuito. Fu quella la chiave di tutto.» L'ex bancario scontò dieci anni in un manicomio giudiziario, come persona «incapace di intendere e di volere».

La mia strada incrociò di nuovo quella di Di Pietro quando lui stava lavorando nel pool di Mani pulite, era stato trasferito alla Procura di Milano e io ero direttore dell'«Indipendente». Mi fece chiamare da comuni amici di Bergamo e disse che avrebbe voluto rilasciarmi un'intervista. Mi precipitai al quarto piano del Palazzo di Giustizia, era il 5 giugno 1992: Tonino era già un eroe popolare, l'angelo sterminatore di Tangentopoli, un «marchio» il cui valore venne valutato, secondo Gavino Sanna, al tempo uno dei massimi esperti pubblicitari, 10 miliardi di lire.

Di Pietro era adorato dall'opinione pubblica, tra scritte sui muri («Forza Di Pietro», «Signore, dacci un Di Pietro»), striscioni («Di Pietro sei meglio di Pelé») e poesie di Alda Merini («Conosce benissimo Di Pietro/ le cose vinte dalla nostra Italia»). Era adorato pure dai giornalisti della cronaca giudiziaria milanese, che gli affibbiarono decine di soprannomi: «Belva», «Zanzone», «Padrepio», «La Madonna», «Dio», «L'Onnipotente». Indro Montanelli diceva che Di Pietro era «uomo della provvidenza» e questa mansione il magistrato la svolgeva con gusto.

Quando lo incontrai nel suo ufficio di via Freguglia, lavorava in una stanza ingombra di faldoni, con una luce triste, da film neorealista. Viveva lì dieci, dodici ore al giorno. Davanti al suo tavolo c'erano due sedie, una era occupata da una pila di documenti. Mi sedetti. Mi raccontò come aveva preso avvio il procedimento: «Nulla di romanzesco,» mi disse «da due anni studiavo il fenomeno, diciamo che ero abbastanza preparato in materia di tangenti. E quando mi è capitata fra le mani una querela per diffamazione sporta da Chiesa, è partita la macchina. Un passo dopo l'altro siamo andati lontano». Si aprì parlando delle sue sensazioni: «Mandare un uomo in carcere provoca sempre angoscia, a me ne provoca molta. Quando sono ricorso alle manette è stato perché esisteva il rischio effettivo di inquinamento delle prove, mai per spettacolizzare l'indagine».

Da quel momento ebbi da Di Pietro tutte le notizie su Tangentopoli, navigammo sulla marea di sdegno che inondò quei due anni. L'inchiesta infuriava, mezza Milano tremava, tutti i politici italiani tremavano. Quel magistrato inviso ai colleghi era riuscito a fare in tre mesi ciò che a loro non era riuscito in quarant'anni. Alla fine litigammo perché aveva eseguito indagini su tutti i partiti e le uniche infruttuose erano state quelle sul Partito comunista. «Ho seguito la tangente fin sul portone di Botteghe Oscure» si giustificò il magistrato, ma per me non bastava.

Alcuni, fin troppi, di coloro che furono risucchiati dalle indagini non ressero alla pressione oppure si videro senza scampo, e si uccisero. Ho sempre avuto l'impressione che a Di Pietro non importasse nulla, nonostante una volta abbia detto che la morte di Raul Gardini era stata per lui una sconfitta terribile e che lo avrebbe potuto salvare. Raccontò infatti che la sera prima del suicidio i carabinieri lo chiamarono a casa, a Curno, per chiedergli se dovessero arrestarlo: «Dottore, che facciamo, lo prendiamo?». Tonino, però, aveva dato la sua parola agli avvocati dell'imprenditore che non avrebbe fatto scattare le manette, a patto che Gardini la mattina seguente si fosse presentato in Procura spontaneamente. Quindi ai militari rispose di lasciar perdere. «Se l'avessi fatto arrestare subito» racconta Di Pietro «sarebbe ancora qui con noi.» Di Pietro si disse convinto che quello del finanziere fosse stato un «suicidio d'istinto, un moto d'impeto, non preordinato». Io sono invece dell'idea che Gardini non premette il grilletto all'improvviso, ma dopo aver covato il proposito per almeno trentasei ore. Di Pietro avrà certamente fatto il suo mestiere secondo coscienza, però al tempo si usava la galera come scorciatoia per arrivare in fretta a una confessione. Si rivelò un sistema spesso efficace. Ma la coercizione, in persone che non sono delinquenti abituati a passare attraverso le porte del carcere, può provocare disastri. E infatti ne ha provocati.

Sergio Cusani

È noto che non ho mai amato andare al cinema, ma un giorno qualcuno mi ha raccontato la trama di un film, *Mission*. Nel Sudamerica del Settecento un uomo perde la testa e uccide il fratello: quando torna in sé, è travolto dal senso di colpa e inizia un cammino di penitenza e di redenzione finché diventa paladino della libertà degli indios che da conquistatore spagnolo disprezzava. Che cosa c'entra questo film con Sergio Cusani? C'entra. Ai miei occhi, per lungo tempo Sergio Cusani è stato un enigma, e ho dovuto rivedere su internet gli stralci del processo Enimont in cui veniva interrogato per capire bene che personaggio straordinario sia stato, intendendo «straordinario» non come giudizio morale, ma nel significato letterale della parola: qualcosa di non ordinario rispetto all'orizzonte selvaggio, indiavolato, farneticante di Mani pulite.

Quando venne arrestato, il 23 luglio 1993, aveva quarantaquattro anni: sulle prime il provvedimento cautelare nei confronti di questo finanziere dalla faccia indecifrabile schermata dagli occhiali passò quasi inosservato. Cusani si trovava al funerale di Gabriele Cagliari, l'ex presidente dell'Eni che tre giorni prima si era ammazzato in carcere annodandosi intorno al collo un sacchetto di plastica. Quella stessa mattina, alle 8.30, Raul Gardini si sparò un colpo di pistola alla testa. In poche ore il mondo di Cusani, che di Gardini era consigliere e braccio pagatore, scomparve: alle tre del pomeriggio entrò in carcere, su ordine della Procura di Milano, accusato di falso in bilancio e di violazione alla legge sul finanziamento dei partiti, individuato come colui che aveva ideato i meccanismi necessari per creare quella che fu definita la «madre di tutte le tangenti», 150 miliardi di lire, e poi farne brani tra partiti politici, Psi e Dc in testa, e professionisti.

Al tempo ero direttore dell'«Indipendente» e, come ho scritto molte volte, avevo stretto un rapporto con Antonio Di Pietro, che mi teneva aggiornato sulle inchieste e così il giornale, cavalcando lo scandalo giudiziario e parallelamente l'ascesa politica della Lega, aumentava i lettori a vista d'occhio. Non ci andavo leggero, a volte mi spingevo anche parecchio sopra le righe, ma Cusani aveva qualcosa di diverso. Era carcerato eppure sembrava inafferrabile, rispondeva alle domande dei pm ma non diceva quel che volevano loro, ne frustrava la sommarietà, la speranza di ricostruire facilmente la geografia delle «dazioni» (Di Pietro *dixit*) di denaro.

Mi accorsi che quando rispondeva alle domande la sua voce scorreva sopra una vibrazione quasi impercettibile che non si interrompeva mai, come una corrente elettrica. Non poteva trattarsi di semplice tensione nervosa (ricorderete il volto terreo e il rivolo bianco sulla bocca prosciugata di Arnaldo Forlani), perché non aveva mai cadute o variazioni. Era determinazione, la stessa con cui aveva vissuto gli anni «da bere» dell'intrigo fra i grandi imprenditori e la politica: invece di lasciarla cadere e arrendersi, Cusani stava trasferendo la sua determinazione in una forma inedita di autodifesa.

Aveva capito che la vita come l'aveva vissuta fino a quel momento era finita, ma stava facendo la scelta opposta a quella del suo ex capo, Raul Gardini, che aveva ceduto alla tentazione della pistola. Avrebbe pagato i debiti, restituito i denari, scontato la pena, come un'espiazione personale, senza coinvolgere altri, colpevoli o meno che fossero, in modo da liberarsi da ogni pagamento residuo. Si è dato il tempo e gli strumenti per ricominciare. Non ha mai violato il mandato che aveva dato a se stesso.

Gli inquirenti si trovarono di fronte un uomo ingestibile, silenzioso e fermo, il più collaborativo e il più reticente, impermeabile alla minaccia di una condanna pesante di fronte alla quale cadevano tutti. Nelle immagini di quei giorni si vede un Cusani grigio, di un grigio accuratamente studiato, che parlando rendeva grigi anche i suoi accusatori: sembra un uomo praticamente nudo, ma mentre sceglie a quale domanda rispondere e che cosa non dire pare detronizzare i giudici, che alla fine non lo incalzano, come consapevoli di avere davanti un uomo forte nella sconfitta, che possono condannare ma non sbriciolare. Una mina a esplosione ritardata sul processo mediatico per eccellenza, con il quale Antonio Di Pietro venne consacrato re, ma un re di maggio.

Così, davanti all'impazienza delle toghe, Cusani ammise ogni sua responsabilità, ma diventò un muro di fronte alla delazione. Non fece un nome. Al giudice per le indagini preliminari Italo Ghitti, che dopo l'arresto gli chiese informazioni sugli illeciti del Gruppo Ferruzzi, disse solo: «Ammetto il fatto. Mi sono occupato come consulente dei Ferruzzi e di Gardini dell'operazione finanziaria tra Bonifaci e la Montedison, con specifico incarico del presidente dottor Raul Gardini, dal quale ho preso istruzioni e al quale rendevo e ho reso i conti sull'utilizzo della provvista che con quella operazione si era creata. Ma non intendo aggiungere altro».

Da Opera venne trasferito a San Vittore, una dura carcerazione preventiva. Come dirà chirurgicamente Cusani in un'intervista, anni dopo, «è un dato di fatto inconfutabile che i magistrati di Mani pulite avessero la propensione a includere la privazione della libertà personale tra gli strumenti di indagine». Funzionava con quasi tutti.

Al dibattimento del maxiprocesso Enimont, presieduto dal giudice Giuseppe Tarantola, l'intenzione di Cusani non cambiò: «Non parlo contro altri perché ho parlato a sufficienza contro me stesso» sentenziò durante il dibattimento. «Non me la sento di rovinare persone, carriere, famiglie, non ho ricatti da fare perché da questo momento io non ricorderò più niente di questa vicenda.» Anni dopo Cusani spiegò: «Non ho risposto non per omertà, ma proprio per il contrario. Non si riduce la colpa spandendola sugli altri, ma caricandosela sulle proprie spalle». Avanzò la richiesta di giudizio immediato e finì sugli schermi in ogni casa d'Italia, usato da Di Pietro come «grimaldello per processare tutta la classe politica italiana», scrisse Claudio Sabelli Fioretti. Nel maxishow del processo non mancò nessuno dei politici che contavano, chiamati come testimoni: Renato Altissimo, segretario del Partito liberale ed ex ministro della Sanità e dell'Industria, il leader della Lega Umberto Bossi, Bettino Craxi, segretario del Partito socialista e presidente del Consiglio dal 1983 al 1987, Gianni De Michelis, ministro degli Esteri dal 1989 al 1992, Arnaldo Forlani, segretario della Democrazia cristiana e presidente del Consiglio tra il 1980 e il 1981, Giorgio La Malfa, segretario del Partito repubblicano, Claudio Martelli, il delfino di Craxi, ministro della Giustizia tra il 1991 e il 1993, Carlo Vizzini, segretario del Psdi e più volte ministro.

Cusani si era scelto come difensore l'avvocato Giuliano Spazzali, «l'anti-Di Pietro». Tonino parlava un italiano meticciato dai congiuntivi balbettanti, era un capopopolo; Spazzali già all'epoca pareva uno catapultato in un tempo che gli era difforme. Dico già all'epoca perché, dopo aver lasciato la toga, nel 2008, a sessantanove anni, quando gli chiesero il perché di questa scelta così prematura per un avvocato, rispose: «Ho scoperto, all'improvviso, per caso, di essere vecchio. Ai tempi nuovi non mi voglio adeguare».

Ma erano tempi nuovi anche quelli che videro svolgersi Tangentopoli, sia per la trasformazione sociale e politica di quegli anni (Spazzali disse che la caduta della Prima Repubblica non fu causata da «Mani pulite, che ne fu al massimo l'ostetrica, l'assistente al parto») sia per il metodo di indagine: «L'inchiesta è cresciuta enormemente sulle confessioni degli indagati. Non è una buona inchiesta quella che si fonda non sulle indagini ma sulle confessioni. Era un'inchiesta contenitore, da cui erano via via aperti, a piacimento del Trio Lescano [cioè Antonio Di Pietro, Gherardo Colombo, Piercamillo Davigo], i vari processi» aggiunse sempre Spazzali.

Sergio Cusani restituì 35 miliardi di lire, mise all'asta i suoi Magritte e Picasso, e rimase in cella quattro anni, dopo aver già trascorso cinque mesi a San Vittore in custodia cautelare. Si ritrovò alle prese con il problema di tutti i reclusi: «Dare un senso al tempo, vincere la battaglia contro questa sequenza di attimi ... nel lungo corridoio che porta ai raggi c'è un grande orologio: è fermo, magari per incuria, ma simbolicamente rappresenta il tempo fermato». All'inizio era un sorvegliato speciale, guardato a vista ventiquattr'ore su ventiquattro; dopo Cagliari e Gardini non volevano un altro morto sui giornali. Nel 2001, scaduti gli anni a San Vittore e passati sei mesi di affidamento ai servizi sociali, Cusani è tornato uomo libero. Nel 2009 è stato riabilitato, la fedina penale di nuovo bianca.

Oggi Di Pietro e la sua gloria sono scomparsi, Cusani è impegnato in progetti di recupero per detenuti all'Agenzia di solidarietà per il lavoro (Agesol) e di finanza etica in collaborazione con istituti di pena ed ex compagni di detenzione. Nel 2000 con Sergio Segio ha lanciato una grande campagna per l'indulto e l'amnistia in occasione del Giubileo e per la riforma penitenziaria, con il progetto «Piccolo piano Marshall per le carceri».

Nel 2019, quando lo si vide al funerale di Saverio Borrelli, il capo dei magistrati che lo avevano perseguitato, i maligni parlarono di «sindrome di Stoccolma». Lui spiegò: «Glielo dovevo. Quando morì mia madre mi scrisse una lettera in cui ricordava il dolore che aveva provato perdendo la sua». Di recente è tornato a Palazzo di Giustizia, a Milano, per un convegno dell'Associazione nazionale magistrati sui «testimoni» di Mani pulite nel trentennale dell'indagine. Ha raccontato la sua parabola, per prima cosa ha ricordato di essere un pregiudicato. «Non ho cercato il perdono. La colpa, come la sofferenza, non è risarcibile, ma può diventare occasione di riscatto sociale.» Accanto a lui c'era uno dei pm che lo avevano arrestato, Gherardo Colombo, la cui coscienza ha seguito un destino simile: «Mi sono dimesso dalla magistratura perché ho smesso di credere all'utilità della reclusione, mi è sempre costato togliere la libertà alle persone. Spero che si capisca che c'è un'altra strada rispetto al carcere: è dimostrato che il 70 per cento di chi entra ci ritorna».

Una ventina d'anni fa, intervistato da Claudio Sabelli Fioretti, Cusani spiegò così la sua permanenza in galera: «In carcere c'è la tradizione che la sigaretta si spezza a metà e si dà a chi non ha la possibilità di comprarla. Io ora fumo metà sigaretta: anche questo è un ricordo che comunque mi fa bene perché fumare mezza sigaretta è meglio che fumarne una intera. Il carcere mi ha aiutato. Ma io sono un privilegiato, vengo da una famiglia ricca. Ho strumenti culturali. Una rete affettiva straordinaria. Il bambino che ho adottato mi è venuto sempre a trovare in carcere e giocavamo. *La vita è bella* di Benigni io l'ho vissuta in carcere con mio figlio. Lui il carcere l'ha visto come un gioco, un'avventura. Mi diceva sempre: "Perché non mi fai rimanere qui con te?". Quando rispondeva al telefono, diceva: "Il papà è in carcere. Vuole la mamma?". Io ho avuto strumenti e occasioni per elaborare i miei sensi di colpa. E cercare una strada positiva per il riscatto. Ma il carcere non fa niente per aiutare un essere umano a ripensare la propria storia. Quando esce ha una tale rabbia che riproduce il crimine. Il discorso del recupero è una vera, grandiosa, mostruosa ipocrisia».

Umberto Bossi

Ricordo i miei anni Novanta da giornalista, durante i primi successi politici della Lega, come se avessi cavalcato a fianco di una mandria di cavalli selvatici lanciata a tutta birra, perché, mentre nessuno ci capiva niente, stava esplodendo un fenomeno in bilico fra un salto nel futuro e una restaurazione medievale, fra la politica e l'antipolitica, fra idee perlopiù chiare e azioni talvolta confuse: le camicie verdi, la Padania libera, «la Lega ce l'ha duro», il federalismo, l'antimeridionalismo, Roma ladrona, Alberto da Giussano, la bandiera biancocrociata della Lombardia, l'ampolla con l'acqua del Po, la Guardia nazionale padana, Miss Padania, il pratone di Pontida, la crociata contro gli extracomunitari.

Il centro turbolento di quel movimento, nonché il suo inventore, fu Umberto Bossi: un giovane uomo zazzeruto che ne incarnava tutte le contraddizioni, con quella sua italianità metalmeccanica, la brutale affabulazione (sembra un ossimoro, non lo è), la capacità di intrigare sia la classe lavoratrice sia la borghesia, la canottiera di cotone bianco e spesso, con le spalline larghe, con cui perculava le camicie di sartoria dei parlamentari. Il suo carattere includeva anche un campionario di fragilità umane che tuttavia, invece di intaccarne la forza, alla distanza hanno radicato l'impressione di una sincerità di fondo che agli uomini della Prima Repubblica era aliena: la malattia, la fissità del volto in una smorfia causata dall'ictus, gli errori politici, le inchieste giudiziarie, gli scandali in cui venne coinvolta la sua famiglia.

Forse molti se ne sono dimenticati, oppure non c'erano, ma tutto è accaduto molto prima di Matteo Salvini, per mano di quell'uomo poco generoso di sorrisi, dalla voce «profonda, virile, dolce e antica come quella di Buscaglione», aveva scritto Natalia Aspesi, il vitalismo di «un attore formidabile», disse Indro Montanelli.

Conobbi Bossi nel 1987, ero al «Corriere della Sera»: era estate e la Lega aveva ottenuto i primi due seggi in Parlamento. Uno l'aveva conquistato l'Umberto al Senato; l'altro, alla Camera, era andato di risulta (grazie alla rinuncia del capo che aveva vinto anche lì) a Giuseppe Leoni, un Sancho Panza che gli stava dietro da sempre. Non erano spuntati dal nulla: quattro anni prima l'archetipo del partito indipendentista regionale, la Liga Veneta, aveva ottenuto due seggi. L'aria che in Veneto aveva cominciato a muoversi, in Lombardia era diventata un vento: in Val Brembana la Lega Nord aveva raggiunto il 10 per cento, lo stesso in Val Seriana e in alcune zone del Varesotto. Erano dati evidenti, non erano folklore né rappresentavano una semplice curiosità, ma un segnale vero. La politica stava curvando, molti democristiani di Bergamo e Varese si erano avvicinati al piccolo partito di Bossi. Da quel momento non lo persi più d'occhio.

Nel 1992 ero appena diventato direttore dell'«Indipendente», quotidiano che in quel periodo non navigava in buone acque. Una sera venni invitato a Roma per una cena a casa di Pialuisa Bianco, la mia vice al giornale, e di suo marito Giulio Savelli: al tavolo con noi c'era anche Bossi, così colsi l'occasione e gli chiesi una mano per aumentare le vendite del quotidiano, che all'epoca arrivavano a meno di 20.000 copie. La settimana seguente, sul palco di Pontida, Bossi, agitando il microfono come un randello e saltellando alla Celentano, invitò la platea a comprare l'«Indipendente»: «Quel direttore non è filoleghista ma ha per noi lo stesso rispetto che ha per gli altri partiti». In effetti, all'epoca la Lega era considerata meno di zero, ma per gli iscritti era più che un partito, era una fede. Per loro le parole del capo furono abbastanza. E infatti, nel giro di una settimana arrivammo a 40.000 copie.

Fu uno scambio da cui io ebbi tutti i vantaggi, perché davvero ritenevo la Lega un fenomeno da tenere in prima pagina, quindi me ne sarei occupato comunque. Bossi aveva puntato la Prima Repubblica come un meteorite i dinosauri, ben prima che il meteorite più fragoroso, cioè Mani pulite, calasse sull'Italia di inizio anni Novanta. Aveva capito tutto, fiutava anche le molecole in movimento a mezz'aria, e in quegli anni si erano mosse.

Carnale e sanguigno, il capo dei «barbari» era uno spaccone con gli occhiali a goccia che, oltre che con le parole, parlava con le mani: andava volentieri di corna, dito medio e gesto dell'ombrello. Con uno stile diverso, lo faceva anche Berlusconi, era il nuovo vocabolario della politica. Bossi era quasi arrivato alla laurea in medicina, anzi, sarebbe stato anche uno studente brillante, ma per natura era disordinato e lo era tutto quello che faceva: era disordinata la sua cultura, erano disordinati i suoi primi lavoretti che aveva acchiappato qua e là, suonava la chitarra in un complessino, aveva seguito un corso di elettronica.

Aveva però un personalità dirompente e creativa, al di là delle apparenze era di una pasta fine, e il suo carattere lo portò a essere testimone, anzi coartefice, della scomparsa della Dc e, con lei, della Prima Repubblica. Di questo tracollo Bossi incarnò un sentimento, Mario Segni un altro. Al Nord i *lumbard* si erano affermati per due ragioni: la prima è che si presentavano come l'esatto contrario dei partiti che avevano governato per decenni. La seconda è che, pur nella confusione dei loro programmi, non mancarono mai di rassicurare l'opinione pubblica e soprattutto la classe media sul rispetto di alcuni valori basilari (la difesa del modello occidentale, della proprietà privata, del capitalismo e dell'impresa) e sul rigetto del socialismo, cioè del centralismo e del pauperismo di sinistra.

Ecco perché chi nei palazzi romani liquidò il fenomeno leghista sentenziando che si trattava di un incendio destinato a spegnersi per assenza di vento davvero non aveva capito niente. Ancora mi ricordo di un confronto tra Umberto Bossi e Ciriaco De Mita a «Porta a Porta» di Bruno Vespa: era il 1996. De Mita, un esteta della politica, si esibì in una ragnatela di ragionamenti con i quali cercava di portare il leader della Lega in secca, verso un dibattito articolato sul federalismo. Non funzionò: dopo il monologo del leader scudocrociato, Bossi semplicemente fece il Bossi, e rispose: «Táches al tram», attaccati al tram, sufficiente per buttare all'aria il castello del suo avversario e mandare in visibilio non solo i suoi, ma un gran numero di italiani stufi dei bizantinismi democristiani, dai quali si sentivano presi in giro. Bossi aveva già previsto anni prima la fine della Dc, quando aveva affermato che il bresciano Mino Martinazzoli era «un chierico per il funerale finale» del partito. Anch'io ci misi del mio: avevo soprannominato Martinazzoli «CrisanteMino». E infatti toccò a lui accompagnare alla tomba un partito già sderenato, distrutto al suo interno da faide e scandali.

Tutti sappiamo che la natura degli uomini non cambia solo indossando una casacca, e che gli stupidi e i disonesti sono nel mondo equamente distribuiti, così capitò che nel 1993 anche la Lega finisse nel tritacarne di Mani pulite e del processone Enimont, a causa di 200 milioni di lire elargiti l'anno prima dal gruppo Gardini-Ferruzzi: la consegna era passata per le mani dell'allora tesoriere Alessandro Patelli, bergamasco di Cologno al Serio, ex idraulico. Io lo definii «un gran pirla» e lui stesso ammise: «Sono stato un pirla». Per il partito fu una battuta d'arresto: «Il movimento di Bossi non può permettersi di essere uguale agli altri» commentai sulle colonne dell'«Indipendente».

Il segretario allora s'inventò un colpo di teatro: raccolse in donazioni una cifra analoga, 200 milioni, durante il secondo congresso della Lega ad Assago, e si presentò al pubblico ministero Antonio Di Pietro tenendo in mano un assegno intestato all'ex amministratore delegato della Montedison, Carlo Sama. Di Pietro ovviamente lo rifiutò. Allora il Senatùr si recò allo sportello della Banca nazionale del lavoro che si trovava all'interno del Palazzo di Giustizia di Milano, aprì un conto e mise l'assegno a disposizione di «chiunque avesse diritto» a riscuoterlo. I magistrati lo seguirono dabbasso e misero il conto sotto sequestro.

La Lega fece una seconda pirlata nel 1994, quando il governo Berlusconi venne sfiduciato, il 22 dicembre. In quell'occasione Bossi staccò il suo partito dalla coalizione di centrodestra presentando una mozione di sfiducia. Era preoccupato all'idea che Forza Italia gli rubasse consensi al Nord, e si lasciò persuadere dal capo dello Stato Oscar Luigi Scalfaro, da Rocco Buttiglione e da Massimo D'Alema a uscire dalla maggioranza, a unirsi strategicamente alla sinistra e a mandare in minoranza Berlusconi. Lo chiamarono il «ribaltone», ma fu un errore grave, un po' paesano, e mi fece dubitare della sua capacità di pensare in grande.

Bossi aveva notevoli capacità oratorie, inoltre sapeva tagliare il fiato all'interlocutore quando la conversazione prendeva una piega difficile da gestire (leggi il «táches al tram» di cui sopra). L'unico che una volta riuscì a zittirlo fu Carlo Azeglio Ciampi, che nel 1993 diventò presidente del Consiglio: il Senatùr gli aveva dato del massone e aveva promesso che l'avrebbe accolto a pomodori in Parlamento, ma dovette incassare una sgridata. «Questo è il nostro primo incontro,» si rivolse Ciampi a Bossi «sta a lei fare in modo che non sia l'ultimo. Lei di me può pensare e dire tutto quello che vuole, ma non può dire alcunché di offensivo che possa rivolgersi contro l'istituzione. Questo non lo accetto.» Al termine del colloquio, Bossi, a denti stretti, dovette piegarsi: «Presidente, mi scuso». Non fece comunque tesoro della lezione: nel 2011, dal palco di una festa provinciale del Carroccio ad Albino, con accanto Roberto Maroni e Roberto Calderoli, disse: «Abbiamo subìto anche il presidente della Repubblica che è venuto a riempirci di tricolori, sapendo che non piacciono alla gente del Nord». E ancora: «Mandiamo un saluto al presidente della Repubblica. Napolitano, Napolitano, *nomen omen*, non sapevo fosse un terùn». Venne condannato a un anno di reclusione per vilipendio: nel 2019 Sergio Mattarella gli concesse la grazia.

E ora, la Lega? A quasi quarant'anni dalla fondazione – la Lega lombarda ebbe il suo atto di nascita nell'aprile 1984 – la Lega federalista non ha senso d'esistere: è come se si volesse fabbricare una nuova Auto del Popolo e venisse riproposto il Maggiolino, come ho già scritto in varie occasioni. Io l'ho amato, il Maggiolino, ne ho avuti quattro o cinque. Ma a salirci a bordo oggi sembra di entrare in una garitta di metallo, non c'è neanche l'aria condizionata, consuma più olio che benzina, fuma dagli scappamenti come un polo siderurgico. Il Maggiolino oggi non lo vorrebbe più nessuno, tranne i nostalgici. E i nostalgici a me ispirano due possibili sentimenti, o mi fanno ridere o mi fanno paura.

Mino Martinazzoli

Io sono bergamasco, e poiché considero i bresciani una costola di Bergamo e ugualmente i bergamaschi una costola di Brescia, entrambe attaccate alla colonna vertebrale del Po che scorre in Pianura Padana, so che sia loro sia noi non siamo gente che fa le rivoluzioni, né che ama i tempi brevi e men che meno il trambusto: siamo un popolo che si prende a cuore anche una lamiera sagomata e, quando fa qualcosa, procura che sia fatta in maniera che duri. Poteva quindi esserci per un bresciano una maledizione peggiore che diventare segretario della Democrazia cristiana nell'autunno del 1992?

Capitò a Mino Martinazzoli, nato nel 1931 un po' scostato dalla Vittoria Alata, a Orzinuovi, cittadina dell'entroterra bresciano che è stata sotto Milano e Venezia nel Quattrocento, sotto Napoleone a inizio Ottocento e infine sotto gli austriaci fino all'Unità d'Italia. Insomma, dopo quasi cinquecento anni in cui si vede chiunque passa mettersi a comandare, si impara a stare calmi. Di sicuro Martinazzoli, che è morto una decina di anni fa, non era un esagitato. È stato un uomo di intelligenza fine e di grande cultura personale, abile avvocato e democristiano fin dalla gioventù, un paziente scalatore partito da un grigio assessorato paesano alla Cultura.

Era considerato un brav'uomo, e anche se in questa definizione si annida sempre un che di sempliciotto, la verità è che «essere un brav'uomo» era forse la condizione indispensabile per accettare l'onere più gravoso e credo angosciante, cioè di liquidare il partito nel quale aveva convintamente vissuto da quando aveva le braghette a quando gli vennero le rughe. Mi ci son voluti decenni per ripensare e rivedere le mie considerazioni sul suo conto, perché nel biennio 1992-93, al contrario di lui, eravamo tutti febbricitanti, lo erano tutti gli italiani, tutti i magistrati: era una condizione che favoriva un'abbagliante lucidità sul presente, che però era di breve respiro e si affievoliva a mano a mano che i pensieri si spostavano verso il passato o verso il futuro.

Così, mentre Mani pulite stava facendo strame della Prima Repubblica di cui lo Scudo crociato era stato portabandiera per quarant'anni, quando Martinazzoli venne eletto segretario fu chiaro a tutti che il compito di salvare il suo partito travolto da Tangentopoli era impraticabile, cosicché mutò presto nell'unico possibile, di accompagnarlo alla bella morte. Divenne segretario del partito il 12 ottobre 1992 con il consenso di tutti, per la sua reputazione immacolata e anche perché era settentrionale, proveniente da una terra in cui avanzavano minacciosamente il fenomeno delle «leghe» e la protesta contro i partiti e la politica.

Il terremoto politico degli anni 1992-94 risultò infatti irrimediabile, spinto da troppi venti avversi allo *status quo*: la crisi del pentapartito, il grave problema del risanamento finanziario del Paese, l'avanzata dei nuovi partiti localisti, l'approvazione per referendum del sistema elettorale maggioritario, la vittoria delle sinistre alle elezioni amministrative del 1993 (con la conquista di città come Roma, Napoli, Palermo, Trieste, Venezia, Genova), e soprattutto l'ingresso in politica di Silvio Berlusconi e lo «sdoganamento» della destra missina. Inoltre, la Dc era sempre più divisa sulle scelte da compiere: Martinazzoli optò allora per lo scioglimento del partito, dal momento che, nella nuova stagione politica, riteneva ormai esaurita la forza trainante del movimento di Alcide De Gasperi. Assunti i pieni poteri nel 1993, propose di costituire il nuovo Partito popolare italiano, riprendendo il nome scelto dal suo fondatore, don Luigi Sturzo, per dimostrare la continuità con i valori ma non con la classe dirigente.

Non mi feci scrupolo di sottolineare sia l'evento imminente sia la centralità dell'uomo. Scrissi articoli e vergai titoli che portarono fortuna al mio «Indipendente» e misero a dura prova la pazienza di Martinazzoli. Avevo l'obiettivo di interessare il pubblico divertendolo, e ogni giorno trovavo nuovi aggettivi che accostavo al suo nome, e quando non ne ebbi più mi inventai neologismi: passai dunque da «Catafalco», «Cordoglio», «Cipresso parlante», «Fuoco fatuo», «Loculo», «Due novembre», «Cippo funerario», «Necroforo», ai calembour «SalMino», «CrisanteMino», «Becchinazzoli», «Mortinazzoli», «Mino Requiem». Mi aiutarono anche la sua figura, il volto segnato, il mento volitivo che forzava la bocca in una piega che mai riusciva a stendersi in un sorriso, lo sguardo lontano e pensoso (ne aveva tutte le ragioni). Parlava con assoluta proprietà di linguaggio ma si esprimeva nella lingua bizantina dei prudenti della Prima Repubblica, che con l'irruzione mediatica di Bossi e Di Pietro era uscita improvvisamente di moda e si era trasformata in una pietra al collo di qualsiasi concetto.

Ci andai a nozze. Nel dicembre 1992 scrissi: «Nessuno meglio di questo bresciano lugubre, che parla come Trapattoni, poteva rappresentare lo Scudo crociato nell'ora fatale. Quand'anche vi fosse stata una sola probabilità su dieci di salvarsi con una cura energica, il partito, affidandosi a lui, energico solo nel somministrare estreme unzioni, si è garantito una rapida inumazione». Dissi anche che aveva «un'espressione così rassicurante che perfino i gatti neri, se lui attraversa la strada, tornano indietro ... Un partito che si è dato quale capo un tale che pur consapevole di essere stato eletto "per disperazione" (parole sue) non manda al diavolo chi lo ha scelto, non è neanche un partito, ma una fossa comune». Due mesi dopo, nel febbraio 1993, quando alle elezioni amministrative del Molise la Dc perse il 22 per cento dei consensi, chiosai: «Ormai Mino si è talmente abituato a trattare con gli estinti che frequenta solo democristiani ed è felice quando riesce ad inumarne qualcuno, il che accade praticamente ogni giorno». Diedi la colpa anche ai suoi compagni di partito: Andreotti, De Mita, Sbardella, Gava, che definii «i migliori zombie».

Non avevo torto sui fatti, perché era esattamente ciò che stava accadendo, né sul politico, perché era esattamente ciò che stava facendo. Fui però poco generoso con l'uomo, che di persona ancora non avevo conosciuto.

Ripetei il siparietto anche quando un giorno Silvio Berlusconi mi chiamò. Aveva in mente di recuperare i voti della Dc che erano andati dispersi e di fondare un nuovo partito di centro. Il Cavaliere mi domandò chi avrebbe dovuto scegliere, come capo, fra Mario Segni e Mino Martinazzoli. Risposi che nessuno dei due andava bene. Mario Segni era bravo ma inconsistente, aveva l'aria di un ideologo stanco, aveva vinto il referendum sulle preferenze ma poi era scomparso: «Mi rammenta quei tipi che trionfano alla lotteria di Capodanno, e poi smarriscono il biglietto fortunato». Quanto a Martinazzoli, lo sconsigliai ugualmente perché a mio avviso era sì un genio, un principe del foro e un oratore mirabile, ma non sarebbe mai stato popolare, e la politica non era il suo forte: «Fisicamente sembra un cipresso che si trova a suo agio nel cimitero, il suo nome è Mino che è l'abbreviativo di Lumino, altro oggetto cimiteriale, esattamente come il fiore dei morti, cioè Crisantemino». Berlusconi si divertì molto, e quando mi incalzò di nuovo per avere un nome, ricordai che da direttore dell'«Europeo» avevo ordinato un sondaggio con questo quesito: qual è il personaggio più noto d'Italia? L'esito era stato: il Cavaliere di Milano Due. Gli consigliai di scendere in campo personalmente, sappiamo poi come andò.

Tornando a Martinazzoli, a un certo punto anche un sopportatore come lui delle mie celie ne ebbe abbastanza: un giorno mi telefonò, mi disse che era stufo di leggere quel che scrivevo sul suo conto e mi invitò a Roma per un'intervista. Andai e lo interrogai a lungo, lui rispose sempre con quel suo linguaggio forbito ma dai concetti evasivi. Non riuscivo a districarmi, allora provai ad approfondire, e mi accorsi troppo tardi che le mie domande erano via via diventate discorsi assai più lunghi delle sue risposte. Alla fine me ne andai esausto e il giorno dopo scrissi una mezza pagina di intervista. A mezzogiorno mi arrivò una telefonata, era lui. Con il suo stile elegante e signorile, ridendo mi disse: «Articolo interessante, peccato che lei non abbia intervistato me, bensì se stesso». Aveva ragione.

Anche se la faccia non lo suggeriva, Martinazzoli sapeva fare uso con arguzia della sua notevole cultura. In una tarda intervista, guardandosi indietro spiegò: «Con il crollo del Muro di Berlino e del comunismo, che in Italia aveva il più forte Partito comunista dell'Occidente, era venuta meno la funzione storica della Dc, che non era più condannata a governare, come diceva spesso Aldo Moro. Ma immaginammo di poter replicare un passato che non c'era più. Io continuo a ritenere che la fine della Dc non è Tangentopoli: la nostra consumazione è che non siamo stati tempestivi nel cambiare il nostro ruolo. Ci rifiutammo di guardare in faccia le cose. Non avevamo capito che eravamo come i superstiti delle stragi di Diocleziano di cui parla Tacito, sopravvissuti a se stessi». E, guardando al presente: «Ci sono molte visite sulle nostre lapidi, anche i nostri carnefici ci rimpiangono. Ma hanno nostalgia di noi come il generale Custer rimpiangeva gli indiani, e cioè diceva che gli unici indiani buoni erano quelli morti ... Oggi gli epigoni della Dc si definiscono moderati: se li sentisse Sturzo, li caccerebbe a pedate. Per una ragione molto semplice, e cioè che i moderati non esistono in natura perché gli interessi non sono moderati, tantomeno i valori. Semmai è la politica che li modera. E noi abbiamo sempre saputo che la politica conta, ma la vita conta di più della politica».

Martinazzoli, in realtà, è stato anche un umorista, ma era difficile accorgersene perché le sue battute volavano sempre alto. Appena eletto segretario, nell'autunno del 1992, un deputato siciliano lo salutò: «Dio ti aiuti!». Lui rispose, svelando parecchio di quel che si teneva dentro:

«Dio si è voltato dall'altra parte» (papa Wojtyła gli fece poi notare con un sorriso che il Padreterno non si volta mai). Definì se stesso «non superbo, ma superfluo». Evocava filosofi e citava gli amatissimi Karl Kraus e Søren Kierkegaard: «Chiunque abbia qualcosa da dire, si faccia avanti e taccia». Altre volte dispensava aforismi a cronisti e platee, con una smorfia amaramente compiaciuta: «In politica, come nella vita, si costruisce solo sulle proprie rovine». Fino al più terribile, mentre per la Dc, subissata dagli scandali e dalle faide, si approssimava la domenica senza il tramonto: «La nave è ormai in mano al cuoco di bordo e ciò che trasmette il megafono del comandante non è la rotta, ma ciò che mangeremo domani».

Non perse mai il controllo delle sue parole né la consapevolezza del suo ruolo nella storia d'Italia; con quell'intelligenza composta ma acuminata, a chi gli chiedeva dei tempi che cambiano diede la risposta definitiva, che potremmo ripetere per ogni tempo: «Io, apolide della Prima Repubblica, a chi mi dice che siamo nella Seconda rispondo che altro non è che la Prima con altri mezzi: abbiamo tutte le decadenze, tutti i difetti, tutte le difficoltà della Prima. Ma io sono un cantore del tempo passato».

Umberto Veronesi

Galeotto fu un articolo che molti lustri orsono scrissi per il «Corriere della Sera». Erano gli anni Ottanta e il direttore Piero Ostellino mi aveva incaricato di realizzare per la terza pagina, ovvero per quella parte allora importante del giornale dedicata ad argomenti più letterari e non legati alla stretta attualità, una serie di pezzi riguardanti i vizi degli italiani, tra i peccati dei quali era compreso il fumo. Oggigiorno, purtroppo, la formula della cosiddetta «terza pagina» è andata dispersa e ora lo spazio culturale è relegato negli ultimi fogli.

Stendo dunque questo articolo, che concludo con una divertente curiosità che mi era stata raccontata da una mia amica, la quale frequentava la stessa compagnia di Umberto Veronesi, allora già affermato medico. L'oncologo usava fumare due o tre sigarette di fila, magari al termine di una cena, prestando attenzione a passare inosservato, dal momento che predicava contro i danni del tabacco e farsi sorprendere con la sigaretta in bocca non sarebbe stato affatto opportuno. In estrema sintesi sostenevo che persino coloro che dichiarano guerra al fumo ne sono sedotti e cedono, come appunto Veronesi.

Ma questi, una volta uscito l'articolo, la prese malissimo e mi querelò senza pensarci su due volte.

Si sa come vanno queste cose, procedono lente, i tribunali sono ingolfati, la giustizia è moscia. Dunque, nel frattempo, avvennero alcune cose che stravolsero tutto. Precipitai nell'inquietudine totale quando notai la presenza di un durone sullo sterno. Non avevo idea di cosa diavolo si trattasse, però, forse per una leggera ipocondria, mi ero dato quasi per finito, spacciato, prossimo alla tomba. Corsi dal mio medico, una dottoressa, la quale, dopo qualche palpatina, mi comunicò, con la faccia seria quanto bastava per accrescere il mio patimento, che avrei avuto bisogno di una visita specialistica perché ella non se la sentiva di improvvisare una diagnosi. Presi appuntamento con l'oncologo, scegliendo il migliore sulla piazza, ovvero Umberto Veronesi, colui che mi aveva denunciato per diffamazione.

La visita mi venne fissata proprio il giorno in cui io sarei stato a Rimini per il meeting di Comunione e Liberazione, tuttavia non rinunciai all'incontro con Veronesi, del resto la salute deve avere priorità su tutto. Quindi, a una certa ora, mi misi in macchina per rientrare a Milano e affidarmi alle mani esperte del brillante oncologo. Speravo che Umberto non si accorgesse che ero quel Feltri che egli aveva denunciato. Invece, quando ci trovammo faccia a faccia e il dottore prese a interrogarmi per fare l'anamnesi, ecco che, guardandomi fisso negli occhi, mi domandò: «Mi dica, ma lei è quel Vittorio Feltri che fa il giornalista?». «Sì, confesso, sono proprio io in persona.» «Bene, si spogli e si stenda sul lettino» mi disse in modo perentorio. A quel punto mi sembrava che le cose si stessero mettendo molto male per me. Veronesi mi osservò, mi palpeggiò e dopo qualche secondo affermò lapidario: «Lei non ha un bel niente». Che sollievo! Mi parve quasi di toccare il cielo con un dito, mi sentivo improvvisamente leggero, come sgravato di un macigno che portavo sulle spalle. Veronesi poi mi spiegò che quel durone non era che una ghiandola che tutti abbiamo e che in me era particolarmente evidente a causa della mia magrezza. Da quel preciso istante Veronesi divenne il mio salvatore in quanto mi aveva tirato fuori da un incubo. Poi cominciammo a parlare, ci scambiammo qualche opinione, il clima era più disteso, Veronesi sorrideva, io ridevo felice, scattò un feeling, una simpatia epidermica. Il giorno seguente la querela era già stata ritirata e io e Umberto ci saremmo visti a cena. Inaugurammo così la nostra lunga amicizia nonché i nostri lieti conviti, parecchi dei quali si tennero a casa del vignettista Giorgio Forattini, dove era presente spesso anche l'attore Giancarlo Giannini.

Una sera, proprio con questa compagnia, non potei fare a meno di notare che Umberto si era bevuto da solo quasi tutta la bottiglia di Sauternes che Forattini aveva portato in tavola. «Umberto, mi rompi le scatole perché fumo e poi tu ti scoli un litro di vino come fosse acqua termale...» osservai. La sua risposta fu gelida: «Ah, ma è tutta roba vegetale». Il mio amico possedeva uno spiccato senso dell'umorismo, elemento che caratterizza le menti più grandiose ed elastiche. Non ci siamo limitati soltanto al divertimento, alle risate, alle chiacchiere futili. Umberto con me si confidò spesso, mi raccontò commosso episodi importanti della sua vita. Seppi così che per fare il partigiano fu costretto a sospendere gli amati studi e perciò conseguì in ritardo la laurea in medicina, per poi diventare quello che era: Umberto Veronesi.

I nostri pensieri spesso combaciavano perfettamente. Anch'io ero favorevole, e lo sono tuttora, all'eutanasia. Umberto costituì un comitato sul tema e mi incluse. Ci battemmo entrambi per questa battaglia, organizzavamo convegni, conferenze, riunioni. Erano occasioni anche per stare insieme, aprirci, conoscerci. Sconfinata era la cultura di Umberto e questo è ciò che più mi impressionava di lui. Il suo sapere non si limitava alla medicina, ma si estendeva anche alla materia religiosa. Umberto era ateo, eppure conosceva il Vangelo e la Bibbia meglio di un sacerdote. Citava i testi a memoria. Il suo ateismo nasceva da uno studio meticoloso, addirittura maniacale della bibliografia cristiana, da cui era affascinato.

Un altro aspetto che mi colpì del direttore scientifico dell'Istituto Europeo di Oncologia fu senza ombra di dubbio l'estrema tenerezza che provava e usava nei confronti di sua moglie, Susy Razon, anch'ella medico. Da ragazzina Susy, la quale ha esposto questa esperienza in un magnifico libro, era stata deportata in un campo di concentramento, dove aveva assistito a fatti terrificanti, subendoli altresì in prima persona. Una sera a cena, la signora, interrogata dai presenti, ricordò alcuni episodi di quel periodo e, mentre ce li narrava, ebbe uno svenimento, tanto era elevata la partecipazione emotiva sebbene fossero passati decenni da quell'oscuro e terribile periodo della sua esistenza. Allora il marito la prese in braccio, la adagiò sul divano come fosse la cosa più delicata e preziosa al mondo, e le restò accanto assistendola finché ella non riprese conoscenza e si tranquillizzò. I due poi ci dissero che Susy perdeva spesso i sensi ricordando certi eventi.

Erano circa le 21.30, ero in macchina e stavo rincasando quando ricevetti la telefonata in cui mi informavano che il mio amico Umberto era morto. Non potei trattenere le lacrime. Quando scompare un amico è come se perdessimo una parte di noi stessi, subiamo una sorta di amputazione. Subito dopo affiorarono nella mia mente le sue parole: «Vittorio, sai, io non ho affatto paura della morte, poiché essa non è altro che la conclusione di un processo naturale. Allorché nasciamo siamo già condannati a perire. Ciò che temo è la sofferenza inutile». Per Umberto alleviare fino all'ultimo il dolore dei malati era una specie di missione: il trapasso non si può evitare, si muoia almeno senza patire oltremodo.

Umberto non aveva tanti amici, tra quei pochi c'ero io. Oltre allo spasso, al tempo gioioso trascorso insieme, all'allegria che mi trasmetteva, gli sono grato per avermi insegnato un'etica di cui io avevo solamente qualche nozione. È stato Umberto a darmi un contributo definitivo, ad affinare la mia coscienza, a indurmi a maturare il mio pensiero riguardo all'eutanasia. Se abbiamo diritto di vivere, abbiamo pure il diritto di morire.

Mondadori Libri S.p.A.

Questo volume è stato stampato
presso ELCOGRAF S.p.A.
Stabilimento - Cles (TN)

Stampato in Italia - Printed in Italy